四特 教育系列丛书 SITEJIAOYUXILIECONGSH

U0696057

# 学生美育素质教育

《"四特"教育系列丛书》编委会 编著

吉林出版集团股份有限公司

全国百佳图书出版单位

图书在版编目（CIP）数据

学生美育素质教育／《"四特"教育系列丛书》编委会编著．—长春：吉林出版集团股份有限公司，2012.4

（"四特"教育系列丛书／庄文中等主编．学生素质教育与培养）

ISBN 978-7-5463-8753-6

Ⅰ．①学… Ⅱ．①四… Ⅲ．①中小学生－美育
Ⅳ．① G40-014

中国版本图书馆 CIP 数据核字（2012）第 043968 号

学生美育素质教育
XUESHENG MEIYU SUZHI JIAOYU

| | | |
|---|---|---|
| 出 版 人 | 吴　强 | |
| 责任编辑 | 朱子玉　杨　帆 | |
| 开　　本 | 690mm×960mm　1/16 | |
| 字　　数 | 250 千字 | |
| 印　　张 | 13 | |
| 版　　次 | 2012 年 4 月第 1 版 | |
| 印　　次 | 2023 年 2 月第 3 次印刷 | |

| | |
|---|---|
| 出　　版 | 吉林出版集团股份有限公司 |
| 发　　行 | 吉林音像出版社有限责任公司 |
| 地　　址 | 长春市南关区福祉大路 5788 号 |
| 电　　话 | 0431-81629667 |
| 印　　刷 | 三河市燕春印务有限公司 |

ISBN 978-7-5463-8753-6　　　　　定价：39.80 元

# 前　言

　　学校教育是个人一生中所受教育最重要的组成部分,个人在学校里接受计划性的指导,系统地学习文化知识、社会规范、道德准则和价值观念。学校教育从某种意义上讲,决定着个人社会化的水平和性质,是个体社会化的重要基地。知识经济时代要求社会尊师重教,学校教育越来越受重视,在社会中起到举足轻重的作用。

　　"四特教育系列丛书"以"特定对象、特别对待、特殊方法、特例分析"为宗旨,立足学校教育与管理,理论结合实践,集多位教育界专家、学者以及一线校长、老师们的教育成果与经验于一体,围绕困扰学校、领导、教师、学生的教育难题,集思广益,多方借鉴,力求全面彻底解决。

　　本辑为"四特教育系列丛书"之《学生素质教育与培养》。

　　实施素质教育是我国现代化建设事业的需要。它体现了基础教育的性质、宗旨与任务。提倡素质教育,有利于遏制当前基础教育中存在着的"应试教育"和片面追求升学率的倾向,有助于把全面发展教育落到实处。从教育面向现代化、面向世界和面向未来的要求看,素质教育势在必行。这是我们基础教育时代的主题和任务。

　　学校教育的核心工作是培养全面发展的社会主义建设者和接班人,而学生则是未来的主要建设者和接班人,直接关系到整个社会的前途和命运。中小学生正处于青少年时期,其心理生理发展具有不成熟、可塑性强的特点,他们在面对错综复杂的社会时能否全面认识理性分析问题不仅是部分人的问题而是一个社会问题。当代青少年面临更多的机遇和史无前例的挑战,只有树立科学的价值观,才能全面正确地认识自己、他人和社会,才能在认识和改造世界的过程中取得成功。

　　本辑共20分册,具体内容如下:

　　1.《学生身体素质教育》

　　根据中小学生参与体育状况调查发现,学生身体素质呈现持续下降的趋势。针对学生身体素质下降的状况,必须要让体育课落到实处,且要加强开展学校课外体育活动的力度,充分调动广大学生参与课外体育活动,从而提高学生的身体素质,使学生的身心得到健康发展。同时,探寻学校学生身体素质下降的根源,从而提高他们的身体素质。

　　2.《学生心理素质教育》

　　本书的各位作者拥有多年从事心理健康教育和研究的经验,为此,我们运用心理学的基本原理,从同学们的需要出发,编写了本书,它主要包含上面提到的自我、人际、学习、生涯等几个方面的内容。希望同学们能通过本书的学习,掌握完成这些任务的战略与技巧,为你们的长远和可持续发展提供力所能及的帮助。

3.《学生观念素质教育》

不同的人对同一事物产生不同的看法,本来是很正常的事情,但如果不同学生的观念差异太大,甚至"针锋相对",就不能不让人琢磨一下。本书就学生的观念素质教育问题进行了系统而深入的分析和探讨,并提出了解决这一问题的新思路、可供实际操作的新方案,内容翔实,个案丰富,对中小学生、教师及家长均有启发意义。本书体例科学,内容生动活泼,语言简洁明快,针对性强,具有很强的系统性、实用性、实践性和指导性。

4.《学生道德素质教育》

道德素质是人的重要内涵,它决定着人的尊严、价值和成就。良好道德素质的培养,关键在青少年时期。为培养学生形成良好的行为习惯,提高道德素质,只有建立学校、家庭、社会三结合的"立体化"教育网络,才能最有效地促进学生道德行为的养成,全面提高青少年的素质,促进青少年的健康成长。

5.《学生形象素质教育》

我们自尊我们自信,我们尊敬师长,我们自强我们自爱,我们文明健康。青春就是一次又一次的尝试。身处在这个未知的世界,点滴的前进,都是全新的体验,它点亮中学生心中的那片雪海星辰。新时代的中学生用稚嫩的双手创造一个又一个生命的篇章。让我们用学识素养打造强而有力的翅膀,让我们用青春和梦想做誓言,让我们用崭新的形象面向世界。

6.《学生智力素质教育》

教学中学生正是通过语言符号和非语言符号,学习知识、技能,在吸取人类智力成果过程中,使自己的智力得到锻炼和发展。指导学生智力发展应贯串于教学过程的始终。备课、钻研教材、上课、答疑、辅导、组织考试、批改试卷和作业都应当分析学生思维的过程,考虑发展思维的教学措施。

7.《学生美育素质教育》

美育是培养学生全面发展的教育方针的重要组成部分。美育又称审美教育或美感教育,是培养学生正确的审美观点以及感受美、鉴赏美和创造美的能力的教育。美育是实施其他各育的需要,美育是全面发展教育的重要组成部分,它渗透在全面发展教育的各个方面,对学生身心健康和谐地发展有促进作用。

8.《学生科学素质教育》

教育应面向全体国民,以提高国民素质、提高学生科学素养为目标,为学生的终身发展打下基础。本书以培养小学生科学素养为宗旨并依据新课程标准编写。学生通过本书的学习,能知道与身边常见事物有关的浅显的科学知识,了解科学探究的过程和基本方法,保持和发展对周围世界的好奇心和求知欲,逐渐养成科学的行为习惯和生活习惯,形成敢于创新的科学态度,培养爱科学、爱家乡、爱祖国的情感。

**9.《学生创造素质教育》**

创造才能是**各种能力**的集中和最有价值的表现,人类社会文明都是创造出来的,所以只有具备创造才能的人,才是最有用的人才。一切发达国家都非常重视青少年创造才能的培养。培养创造才能要从教育抓起,要从小做起。

**10.《学生成功素质教育》**

本书旨在让学生认识到成功素质教育的重要性。成功素质教育的目的和意义在于:激发学生对于成功的欲望和追求;让学生了解成功素养的内涵和相关解释;通过开展积极有效的成功素质教育,激发学生潜能;让学生自发主动地参与成功素质的行为,由被动转为主动。

**11.《学生爱国素质教育》**

祖国是哺育我们的母亲,是生命的摇篮,我们应该因为自己是一个中国人而感到骄傲。学校要坚持抓好学生的爱国主义教育,使他们从小热爱祖国。"祖国"一词对小学生来说,比较抽象,因此,他们对学生进行爱国主义教育,注意从大处着眼,小处着手,引导学生从身边具体的事做起。

**12.《学生集体素质教育》**

一个国家如果没有团结稳定的局面是不可能繁荣兴盛的;一个集体如果没有精诚合作的精神是不可能获得发展的;一个班级如果集体观念淡薄是不可能有提高进步的;一个人如果不加强培养集体意识,他是不可能被社会所接纳的。集体意识的培养对每个学生来讲是至关重要的。学生只有在校园就开始提高自己的集体协作意识,才能在将来的工作中游刃有余,才能让自己的前途得到更好的发展。

**13.《学生人道素质教育》**

人道主义精神与青年成长的关系非常密切,既关系思想意识上的完善,又关系知识面的拓展。为进一步切实加强青少年的思想道德建设,建议教育部制定切合实际的教育纲要,将人道主义教育纳入中小学生课程。本书从人道主义精神的培养入手,规范未成年人的行为习惯,使他们真正成为合格的接班人。

**14.《学生公德素质教育》**

社会公德作为人类社会生活中最起码、最简单的行为准则,是和广大人民群众的切身利益密切相关的,是适应社会和人的需要而产生的。它对人们的社会生活具有特殊且广泛的社会作用。每个社会成员都应该自觉遵守社会公德。社会公德是衡量一个国家全民素质水准的重要标志,抓紧对青少年进行社会公德教育,既是推动社会进步的奠基工程,也是社会主义精神文明建设的一项战略任务。

**15.《学生信念素质教育》**

加强公民道德建设,在全社会树立中国特色社会主义的共同理想和信念,加快构建传承中华传统美德、符合社会主义精神文明要求、适应社会主义市场经济的道德和行为规范。未成年人是祖国未来的建设者,加强和改进未成年人思想道德建设尤其重要。理想信念教育是培养公民素质的本质要求,把学生培养成为热爱社会主义祖国,具有社会公德、文明行为习惯的遵纪守法的公民是我国德育工作的主要任务。在德育体系中,理想信念教育处于核心地位,是德育研究的重中之重。

16.《学生劳动素质教育》

劳动素质教育是向学生传授现代生产劳动的基础知识和基本生产技能,培养学生正确的劳动观点,养成良好的劳动习惯的教育。本书旨在培养学生正确的劳动观点和良好的劳动习惯,使学生掌握初步的生产劳动知识和技能。

17.《学生纪律素质教育》

依法治国已成为我国治国的方略。我们正在建设社会主义法治国家,纪律法制在社会生活中的作用越来越重要,因此进行纪律法制教育也就十分必要了,对青少年学生尤其如此。青少年时期正好是一个人世界观、人生观、价值观的形成时期,在此时加强纪律法制教育,有利于帮助他们掌握应有的纪律法制知识,增强纪律法制意识,提高自觉遵守纪律法制的自觉性,养成良好的遵纪守法习惯。

18.《学生民主法制素质教育》

在推进依法治国,建设社会主义法治国家的进程中,加强对青少年的法制教育,促进青少年的健康成长,我们负有不可推卸的历史责任。为此,本书对当前青少年犯罪的现状、特点、成因进行了调查,对如何进一步加强青少年法制教育和预防青少年犯罪的方法作了一些探索,具有很强的系统性、实用性、实践性和指导性。

19.《学生文明素质教育》

礼仪是一种修养,一种气质,一种文明,一种亲和力,它是人际交往的通行证。青少年是祖国的希望,是21世纪国家建设的主力军。培养他们理解、宽容、谦让、诚实的待人处事和庄重大方、热情友好、礼貌待人的文明行为举止,是当前基础教育和学校德育工作的重点之一。将主题宣传教育活动、文明礼仪知识普及活动、日常行为规范教育活动紧密结合起来,培养学生文明行为举止,抓实抓细,必定卓然有效。

20.《学生人生观素质教育》

当代的中学生是跨世纪建设有中国特色社会主义的主力军,他们的人生观如何,关系到他们的本质是否能够得到全面提高,关系到我国社会主义大业的兴衰。因此,学校必须加强对中学生进行人生观教育。在校学生是我国社会生活中被寄予厚望的最重要的群体,他们的人生观变化是社会变化的晴雨表。人生观不仅影响他们个人的一生,而且对国家的前途、命运产生相当大的影响。因此,学校必须加强对中学生进行人生观教育。

由于时间、经验的关系,本书在编写等方面,必定存在不足和错误之处,衷心希望各界读者、一线教师及教育界人士批评指正。

编者

# 目　录

# 第一章

# 学生美育素质教育与升级的理论指导

# 1. 美育对学生素质教育的意义

实施素质教育，就是全面贯彻党的教育方针，以提高国民素质为根本宗旨，以培养学生的创新精神和实践能力为重点，造就"有理想、有道德、有文化、有纪律"的德智体美等全面发展的社会主义事业建设者和接班人。美育不仅能陶冶情操、提高素养，而且有助于开发智力，对于促进学生全面发展具有不可替代的作用。把美育纳入素质教育这一系统工程，具有重要的意义。

**美育是素质教育的重要组成部分**

中小学生应具备的基本素质有：思想道德素质、文化科学素质、身心素质、审美素质和劳动技能素质。所谓审美素质，包括树立崇高的审美理想，正确的审美观念和健康的审美情趣，培养和提高敏锐的审美感知能力，明晰的审美鉴赏能力，丰富的审美创造能力。也就是说，审美素质应当作为在校学生必备的基本素质之一。学生审美素质的培养和提高，主要通过美育来实施。

美育即审美教育，也称美感教育。它是感性教育、趣味教育和人格教育，是一种通过升华人们的感性来引导人们的兴趣，进而促进人格完善的一种教育形式；它是培养学生感受人格的一种教育形式；它是培养、提高学生感受美、鉴赏美和创造美的能力的教育；是树立、端正学生的审美观念、审美情趣的教育；是陶冶学生的性情、净化学生的情感、美化学生的生活，使学生更加热爱美、热爱生活的教育。美育与德育、智育和劳技教育有着密切的联系，但又有本质的区别。

德育是规范，在规范中对人的精神起激励、净化、升华的作用，调整和规范社会中人与人、人与社会的关系。智育主要是通过对人

的培养和训练，使人们掌握科学文化知识和技能，侧重的是人与自然的关系，是"知"的开发与教育。体育主要是通过一定的运动形式，促使人们具有健康的体魄和饱满的情绪，侧重的是人与身体的关系。劳技教育主要是有意识、有计划地培养学生的生存能力和创业能力，侧重的是人与社会就业的关系。而美育则是通过对美的鉴赏来提高人们的审美趣味，培养和锻炼人们鉴别、欣赏和创造美的能力，侧重的是人与现实的审美关系。同思想素质、文化素质、身心素质和劳技素质不能代替审美素质一样，德育、智育、体育和劳技教育也不能代替美育，美育有它自己的特点和规律，它理应成为素质教育的一个独立的重要组成部分。

**美育是实施素质教育的基本路径**

美育能促进学生全面的发展，它是素质教育的基本路径。

（1）美育能以美辅德，提高人的思想素质

一般来说，人的思想素质的提高，是通过德育来实现的，以德育人是根本。但思想品德教育不能干巴巴地说教，必须像春雨那样"随风潜入夜"，通过渐进的方式把德育寓于美育之中，使人在效法榜样的潜移默化之中实现思想道德教育，这实际上是一种情感教育，是动之以情，以美引善的工作。从某种意义上说，通过美育调动人的兴趣，打动人的情感，让人受到教育。通过美育帮助学生明辨是非，知善恶，识美丑，以"善"为美，以"有德"为美，以"五爱"为美，以树立崇高的理想为美。例如，健康的、激奋人心、催人积极向上的歌曲，把爱国主义、集体主义、社会主义教育融为一体，点燃了学生的生命火花，净化了青少年的心灵，激发了青少年对于美的热爱和追求，从而提高做一个真正有益于人民的人的自觉性，把人推向高尚的境界。

（2）美育能以美益智，提高人的文化素质

美育能够促进智育，有助于开发智力。美的诱惑力是无穷的，

美育可籍此来培养学生深厚的学习兴趣，开阔学生的视野，提高智育的效果。只要把美育渗透到各科教学中去，不仅音乐、美术、体育、文学可以给学生以美感，其他学科也可以给学生以美感。进而影响人的情感、趣味、气质、性格、胸襟等等，并引发人的创造潜能。教师要引导学生去发现美，在审美过程中掌握知识，而美会进一步激发学生去掌握、探究更多的知识，并感到乐在其中。

美育可以培养学生的动手、动口、动脑能力，可以丰富学生的想象力，增强学生的观察力，充分挖掘大脑潜力，有效调节脑功能，促进逻辑思维和形象思维的发展，进而培养学生的创新精神和实践能力，并由此促进科学创造与发明。

（3）美育能以美健身，提高人的身心素质

人的身心健康主要是通过体质培养和训练来实现的。体育是重在人的"身"的锻炼，美育是重在人的"心"的调节。通过美育活动，可以使人增强自我调节能力，始终处于一种心情愉快、情绪饱满、积极向上的精神状态，保持身心健康。同时，规范的体育训练，在强身之外的另一个重要作用，是使人的肢体行为协调美观，增强求胜的信心。美育可以把健康的身体带进精神自由活动之中，把人体的生理、心理内在发展规律的要求，贯穿于一切体育训练活动中，使人健美。

（4）美育能以美促劳，提高人的劳技素质

美育具有自由性，学生都乐意接受。在潜移默化中帮助学生认识劳动本身的审美属性，从而使他们明白劳动是创造快乐人生的起点，是创造美好生活的源泉，是人们生存于世界的最为神圣的活动，有助于学生清除轻视劳动和鄙视劳动的思想。人们在劳动过程中，认识和改造了世界，显示了人的本质力量，这本身就是美。美育还能够帮助学生体验劳动成果的审美价值，在分享参加劳动的喜悦中，劳技教育达到了科学和艺术结合境界，充满着创造的智慧和欣喜，

感受到精神的满足和享受，树立了热爱创造美的劳动情感。在劳技教育中渗透美育还有助于培养学生的承受能力和良好的社会适应能力，进而培养他们的创造精神和实践能力。

我们要深刻理解美育在人才培养以及在整个教育中的地位和作用。在全面推进素质教育的实施过程中，把美育付诸行动，贯穿始终，就一定能为和谐社会培养更多更好的全面发展的建设者和接班人。

## 2. 美育教育在素质教育中的重要性

美育对提高一个国家整体的国民素质，鼓舞和振奋民族精神，培养爱国主义情感都具有重大意义。学校美育是在各级各类学校中，与德育、体育、智育、劳育等相辅并行的一种系统而规范的教育。无论美育的规范性、功能性还是高效性都是学校美育优于其他美育的显著特点。因此，学校在实施素质教育的同时必须重视美育教育。

### 家庭美育

家庭是社会的细胞，父母是子女最初的老师。在家庭生活中，父母的一言一行对子女有着直接而巨大的影响。这是因为父母与子女之间，不仅有着亲密的血缘关系，而且父母的言行举止，时刻都给子女有形或无形的影响；子女模仿的对象首先就是父母。因此良好的家庭教育必须包含着美育。家庭美育中父母要做表率，谈吐文雅，敬老爱幼，家庭和睦，待客有礼貌等等。总之，家庭美育对婴幼儿及青少年的成长都具有十分重要的意义。

### 教师美育

儿童离开父母进入学校后，接触最多的就是老师——"第二个父母"、"人类灵魂的工程师"。老师自然而然地成了学生的第二个模仿对象。老师既是知识的传授者，又是美的播种者。因此，老师的言行举止，对学生有着很大的影响力。俗话说"身教胜于言教"，教师的思想之美，心灵之美，性格之美，气质风格之美都对学生有着十分重要的促进作用。对学生而言，所谓"身正为范、学高为师"，说明了教师在学校美育中的重要性。因此，老师时刻都必须注意自己的言行和举止。教师要成为学生的楷模，成为学生心目中美的化身，不但要有高尚的品德，博大的胸怀，光明磊落的行为，以及沉着冷静、耐心等品质，更重要的是教师对学生要理解、尊重和爱，而且将自己的情感体验渗透到学生当中去，使学生"亲其师"从而"信其道"。

### 开展课外美育活动

学校应该经常组织学生开展文化娱乐、观赏艺术对象以及艺术作品鉴赏等活动，这不但能对学生产生纯化心灵的作用，而且能提高学生的审美能力，培养健康、高雅的审美趣味。总之，学校开展各式各样的课外美育活动，不但对学校美育有十分重要的意义，而且对素质教育也将起到巨大的促进作用。

## 3. 美育在素质教育中的重要地位

美育，又被称为审美教育或美感教育，是人们在对自然、社会和艺术的鉴赏中，通过情感活动的体验、选择和判断，达到对美的肯定、选取，对丑的否定、摒弃，使情感得到净化，道德得到陶冶，精神得到升华。美育之所以成为素质教育的内容之一，并具有举足轻重的地位和作用，是由美育自身的性质和特点决定的。

### 美育有利于陶冶人的情操

人的行动总是受一定情感支配。美育是一种相对自由的教育形态，人们有了美好的情感，再通过寓教于乐、潜移默化等过程，使人的心灵得以净化。美与人的心灵是相通的，如康德所说，美是情感、知识与道德的桥梁。美育是运用人类社会创造的一切美，对人进行美的教育，使人具有一颗丰富而充实的灵魂。教育的关键，就是要将道德、知识等转化为人的内在的精神素质，使之成为真善美相统一的人格。孔子说："知之者不如好之者，好之者不如乐之者。"只有从情感上真正感受到美，人们才能对某项事物心悦诚服，或者对从事某项工作感到愉快。

**美育有利于培养创新精神**

教育的精髓是启迪智慧，培养创新精神。美育有利于提高人的思维能力。事实证明，很多成功人士所取得的成就与他们所受到的良好美育是分不开的。因此，美育的一项社会功能就在于培养人，在于塑造美的心灵。

实施包括美育在内的素质教育，是提高国民素质的重要途径和基础工程。人在青少年时期，生命力最旺盛，精力最充沛，思想异常活跃，如果这个时期失去了富有营养的精神乳汁的哺育，不利于形成健全的人格以及高尚的情操，有的人甚至就此沉溺于低级庸俗的趣味之中，难以形成健康的精神世界。其实，现行素质教育的教材中有着丰富的美育内容，这些内容非常注重学生的知、情、意的全面发展，尤其是中小学语文教材中，有很多陶冶情操的篇章，如《爱莲说》、《陋室铭》所表达的洁身自好、超越世俗的精神境界，《岳阳楼记》中"先天下之忧而忧、后天下之乐而乐"的忧患意识与宠辱不惊的豁达情怀等等。很多内容都具有很好的审美教育功能，既能让学生受到美的熏陶，同时还可以培养学生的审美意识和高尚的审美情趣，培养审美感知力和审美创造力。我们应该好好利用素质教育的优势，在教材中挖掘美，在教育中体现美，真正把素质教育中的美育做好。

加强素质教育中的美育，一是要培养青少年对美的感受力。审美不是自然现象，而是社会现象，人们对美的感受能力也不是天生的，而是后天获得的。美存在于自然、社会、艺术和科学等客观事物以及客观的活动过程之中。生活中无处不存在美，这就需要们引导青少年去感受，去体验，去实践。二是要培养青少年对美的鉴赏力。美育就是要培养青少年具有鉴别美丑的能力，使青少年能正确地理解和判断事物的美和丑，不断提高鉴赏美的水平，从而树立起健康的审美情趣、审美标准和审美理想，满怀激情地去追求应该追求的美。三是要培养青少年对美的创造力。人们认识世界是为了改造世界，同样的人们感受和鉴赏美是为了创造美，为了创造更加美好的生活。我们应积极引导青少年从现实生活的各个方面接受美的教育，更好地按照美的规律去改造客观世界和主观世界，创造具有更高物质文明和精神文明的美好生活。

# 4. 美育在学生素质教育中的作用

学生认识美、爱好美和创造美的能力的教育，也称审美教育或美感教育。美育要通过各种艺术以及自然界和社会生活中美好的事物来进行。通过艺术进行的美育就是艺术教育。在人的全面发展教育中，美育占有重要地位。

美育随着人们的审美活动和艺术的产生而产生，人们的审美活动和艺术是在劳动过程中形成和发展起来的。原始人最初的歌唱就是他们的劳动号子。他们的舞蹈、壁画、雕像等，也往往是原始部落劳动生活的再现，是他们生产、实践的美化形式。在原始社会中，有了原始的审美活动和艺术，也就有对年轻一代的原始审美经验的传授。

### 美学的产生的历史

在奴隶制社会，随着学校的产生，美育成为学校教育的内容。中国西周的学校把"乐"作为"六艺"之一。孔丘认为："安上治民，莫善于礼；移风易俗，莫善于乐。"又说："兴于诗，立于礼，成于乐。"他对于诗和乐的教育是很重视的。在西方，古希腊的斯巴达为了把奴隶主阶级的子弟培养成为坚强的战士，教他们学唱各种赞美歌和战歌，并把音乐、唱歌、宗教舞蹈跟军事、体育结合起来。雅典的奴隶主阶级为 7～14 岁儿童设立弦琴学校，教他们学习音乐、唱歌和朗诵诗篇。古罗马的修辞学校也教音乐。在那时，美育的目的，都在于巩固奴隶主的统治。

中国自汉武帝"罢黜百家，独尊儒术"以后，儒家思想便成了封建社会的精神支柱，儒家经典成了封建教育的神圣教材。其中《诗》、《乐》也都继续受到重视。东汉末期创设的鸿都门学，是世界上最早的研究文学艺术的专门学校。宋代曾设有专门的画学。欧洲中世纪，世俗封建主的骑士教育中有"七技"，其中吟诗是为歌颂领主的功德以示忠心的。僧侣封建主的教会学校中有七艺，其中音乐是适应教会做礼拜和赞美上帝的。在封建社会里，美育都是为巩固封建统治服务的。

在资本主义社会，扩大了美育的领域。在小学中设立了音乐、美术、手工等课程。在资产阶级上升时期，把艺术用作宣传启蒙思想的手段，美育具有反封建的进步意义。到了帝国主义阶段，资本主义国家的学校美育也随之变成了为垄断资产阶级服务的工具。

中国自实行近代学制以后，中小学里也开设了唱歌、图画、劳作等课程。1912 年，蔡元培任临时国民政府教育总长时，教育部公布的教育宗旨是："注重道德教育，以实利教育、军国民教育辅之，更以美感教育完成其道德"，特别强调美育的作用。

社会主义社会的美育是为建设社会主义精神文明和培育学生心

灵美、行为美服务的。它用现实生活中的美好事物和反映在艺术形象中的先进人物的思想感情和活动来感染受教育者。它广泛而深入地影响着学生的情感、想象、思想、意志和性格。它能丰富学校的文化精神生活，激起学生的情绪体验，有助于培养高尚情操，提高社会主义觉悟，鼓舞学生为实现共产主义理想和创造一切美好的事物而奋发向上。

美育对德育、智育、体育都有积极的影响。美育用优美感人的艺术形象，可以帮助学生认识人们的生活、理想和斗争，使他们受到生动的思想品德教育，促进他们的政治品质、道德面貌和思想感情健康地成长。美育不仅可以帮助学生认识现实，认识历史，同时也可以发展他们的观察能力、想象能力、形象思维能力和创造能力；还能调剂他们的生活，提高学习效果。在美育中要求整齐清洁，美化环境，也有利于健康，有助于体育的开展。

### 社会主义美育的基本任务

培养学生充分感受现实美和艺术美的能力。要求在培养他们敏锐的感受能力的同时，发展他们高尚的审美情感；还要求培养学生审美的比较及分析能力，以区别真善美与假丑恶；培养他们审美的想象和联想能力，以掌握艺术形象。

使学生具有正确理解和善于欣赏现实美和艺术美的知识与能力；培养他们对于美和艺术的爱好。为了使学生具有艺术修养，就要使他们掌握各门艺术的基本知识，逐步形成马克思主义的文艺观点和审美标准；还要让学生分析和评价艺术作品和社会上的美好事物，以培养他们审美的能力；更重要的是激发他们对艺术的兴趣，培养他们爱美的情感，抵制各种精神污染。

培养和发展学生创造现实美和艺术美的才能和兴趣。要使学生学会按照美的法则建设生活，把美体现在生活、劳动和其他行动中，养成他们美化环境以及生活的能力和习惯。要注意组织学生参加各种艺术实践活动，发展他们创造艺术美的才能和兴趣，尤其要注意发展有艺术才能的学生的特长。

### 社会主义美育的主要原则

思想性和艺术性相结合。把革命的思想性和完美的艺术性紧密地结合起来，美育内容和实际生活相结合。美育的内容须富有生活气息，并渗透到学校全部生活中，情绪体验和逻辑思维相结合。使学生在感受美和享受美的过程中，焕发高尚的情感，使学生通过逻辑思维来分析作品，加深他们对生活的认识，艺术内容与表现方法的统一。既要使学生钻研艺术内容，加深理解，又要使他们了解艺术的表现方法，掌握表现的技能、技巧，统一要求和因材施教相结合。要使全体学生都学点绘画、唱歌和其他艺术，有一般的艺术修养，也要适应学生艺术才能和兴趣的不同，因材施教。

# 5. 美育在素质教育中的价值及其实现

"美是人类提高自己和超越自己的一种社会机能。有了这种机能，人就能够从野蛮走向文明，从单纯的自然存在，走向自觉的有意识的精神存在。美是人类精神文明的结晶，它提高人的精神修养和精神境界。"审美教育自身的诱发作用和感染力，有助于培养学生的形象思维和逻辑思维能力；审美教育最具吸引人的趣味性，最具贴近心灵深处的感性。有助于陶冶情操、净化心灵。因此，学习鉴赏自然和生活美的艺术教育对学生素质全面发展具有重要的促进作用。

### 审美教育在素质教育中的作用和价值

（1）审美教育可以促进学生智力的发展

蔡元培先生早在 1908 年辛亥革命爆发时就提出了美育问题，多么有远见。他后来把普通教育的宗旨定为"养成健全的人格"和"发展共和的精神"，而把美育列为国民教育的宗旨之一，认为"美育是一种重要的世界教育"，并规划过一幅实施全民美育的蓝图，它的重大意义，今天我们看得越来越清楚了。审美教育对当今学生智力发展的促进作用，是由于情感的激发而产生的。

艺术活动中，学生在艺术美的刺激下，情感受到感染，心灵受到浸润。这时，他们的感性和理性、主体与客体处于自然协同的状态，而这正为人的创造本质力量的迸发和释放提供了最佳时机。同时，审美教育可以陶冶学生的情操，提高学生的审美情趣，而且可以减轻左半脑的负担，刺激右半脑的发达，培养学生的创造思维能力。正如爱因斯坦所说："我的科学成就，有很多是从音乐启发而来的"。创造世界"可以由音乐的音符组成，也可以由数学的公式组成"。

通过调节人的思维方式，提高人的全面思维能力，增强人的观察能力、想象能力和创造能力，从而提高人的智力水平。人的思维可以分为逻辑思维和形象思维两种，只有把两者有机结合起来才能形成人的高素质思维。科学工作源于形象思维，终于逻辑思维。而形象思维源于艺术，因为审美过程具有形象思维的特点，审美过程需要想象和创造，想象和创造是审美思维过程最基本的品质。通过艺术教育发展形象思维，通过形象思维突破某些条件的约束，实现对思维的解放，促进学生思维的全面发展。

（2）审美教育可以促进学生非智力因素的发展

审美教育是一种情感教育，它的教育方式生动活泼，易于启发自觉性，所以黑格尔认为，"审美带有令人解放的性质"。审美活动又是通过审美感性通向德育理性的桥梁。在这个意义上，正是美育辅助了德育的实施，情感教育对理性教育起了催化的作用。列夫·托尔斯泰指出："人们用语言相互传达自己的思想，而人们用艺术互

相传达自己的感情。"可见，美育传达的实际上是一种情感，审美教育是一种情感教育，他可以培育高尚而丰富的情感，是建设充实的内心世界的利器。

审美教育可以有效地丰富和发展人的想象力和创造精神，促进学生的大脑两半球及眼、耳、手、肢体和全部身心的协调发展，使大学生变得聪明、文明和高雅，从而得到全面和谐的发展。美术作为审美的工具，使大学生在愉悦中接受教育、加强修养；电影、电视最富群众性，是群众中影响最大的宣传工具、教育工具，它起着美化人们心灵的作用，通过引导学生经常性地欣赏有教育意义的影视作品，使学生从中认识辨别真与假、美与丑、善与恶；积极向上的艺术作品可以陶冶学生美的心灵、情操、举止、行为、人格和道德，使学生的外在形体和内心人格形成美的统一。

（3）审美教育可以促进学生创新能力的发展

创造力是一个"不可思议的综合物，一个无意识思维原始的、无理性方面与有意识思维逻辑的、有理性认知的综合体"。一个具有创造力的人是否会有创造行为，取决于他是否具备一定的动力系统，而这一动力系统是由情感、需要、兴趣、动机等精神力量类的非理性因素提供的。审美教育之所以能带来教育上的积极效果，是因为审美是诉诸人的情感、直觉、无意识等非理性领域的，能够激活传统教育中学生闲置而未利用的巨大资源：非理性因素。从而使学生的大脑进入一种舒展和机敏的良好状态。从某种意义上可以这样说，艺术教育作用于学生的过程，就是解放学生情感的过程，解放无意识使之得到适当释放和文化提升的过程，从而减轻对深层次心理活动中的非理性因素的压抑与束缚，使之不断受到激发，保持旺盛的活力。同时审美教育不仅可以带来积极的教育，而且还非常有助于学生的非理性因素的发展。非理性因素被激活，事实上也就获得了充分发展的权利、机会和条件。

黑格尔说："艺术又好像处于一种较高尚的推动力，它所要满足的是一种较高的需求，有时甚至是最高的绝对的需要，因为艺术是和整个时代整个民族的一般世界观和宗教旨趣联系在一起的。"可见，艺术是在更高层次上全面地发展和完善人自身的本质力量。审美教育通过诱发个人自发创造力，促使人格自然成长，从而培养出每个学生本来具有的创造潜能，达到自实现。

**高校审美教育的现状和存在的问题**

作为素质教育之一的高校审美教育，其学科的个性、创造性、主体性在教育教学中体现得较为突出，在教学内容、教学方法和形式、考试与考核以及教学目标、教学大纲、教学计划等方面各高校都有自己不同的要求和做法，与体育等素质类公共课有较大区别，选修艺术课程学生的数量、师生及管理层的重视程度、投入力度也与其他公共课有较大不同。目前笔者所在的省市，一些普通高校由于课程开设因校而异，学生选修因人而异，缺乏统一的教学体系与教材，缺乏统一的衡量标准。有人把艺术教育等同于美育，以为学习了艺术，自然接受了美育，这是片面的看法。现在的高校一个最大的缺点是没有系统开设美学课程。

从上述情况来看，高校实施审美素质教育与国家制定的方针政策尚有一定距离：一些高校普及面不够广，没有面向全体学生；课程设置面不够宽，难以全面提高素质；美育与人文素质培养、艺术与创新能力培养有待紧密结合，普及型教材与课程有待加强建设。

**高校审美教育应采取的措施**

为推进普通高校审美教育的规范化和制度化，不断提高教育水平，应从以下几方面着手：

（1）提高学校管理水平

采取有效措施，切实抓好管理体制建设，提高普通高校管理水平，普通高校审美教育的实践证明，建立并完善审美教育管理体制，设立专业管理机构，规划和督导、组织教研活动，进行教学评估，定期检查实施情况，使高校的审美教育经常化、制度化。不断提高审美教育管理水平，才能使普通高校审美教育持续、健康、深入地推进。

（2）提高课程实施水平

以审美教育课程建设为重点，全面提高普通高校审美教育的课程实施水平，切实加强课程建设，积极开发课程资源，推进审美教育课程改革，是使普通高校审美教育不断提高质量、保持持续发展的必经之路。普通高校要结合本校实际，努力创造条件，开设各种艺术类选修和限定性选修课程，满足学生的不同需求。要重视和加强高校审美教育教学的管理和研究，逐步使审美课程教学规范化，不断提高教学质量。

（3）提高学校师资水平

加强普通高校师资培养培训工作力度，努力提高普通高校师资水平，普通高校的审美教育，不同于专业艺术教育，受教育者是文化知识层次高、具有较强的分析判断能力，自我意识、参与意识较强的大学生。因此，从事普通高校审美教育的教师，必须是高水平、高素质的。也就是说，高校师资是兼教学与指导，审美实践于一体的双面材料，不仅要有正确的审美观点，较高的鉴赏美、体验美、表现美、创造美的能力，还需要有广博的知识、一专多能的本领和完成教育教学任务的能力。因此，要提高高校审美水平必须首先建立一支强有力的师资队伍。通过举办短期培训班、组织教学观摩活动等形式，多级别、多层次、多渠道地为普通高校培养一批具有较高的思想素质、良好的敬业精神和理论水平以及较强的审美教育能力的专业教师。

正确的审美观，促使人们更好地认识世界，有利于改造主观世界，这对于培养全面发展的人才，对于建设社会主义精神文明尤为

重要。

# 6. 美育在素质教育中的运用

　　美育是指受教育者系统地接触和欣赏各种类型美的事物，学会认识美、发现美、感受美、理解美、评价美、表现美和创造美，提高审美能力和文化艺术素养，陶冶高尚情操，促进学生全面和谐发展。在素质教育中，美育相对其它有不可代替的功能与作用，对提高学生素质，促进身心发展起着积极的推动作用。

## 以美辅德，提高思想道德素质

　　前苏联教育家苏霍姆林斯基说："美是道德纯洁，精神丰富和体魄健全的强大源泉。"美育能促进人理想形成，能激发爱国热情、培养高尚道德品质、促进心理健康和个性发展。

　　美育是在以个人爱好的形式，让学生在娱乐中接受教育，它具有更高程度的个体自发性和更积极的主动性，在审美活动中人们会认识美的个性。美育能激发每个人的个性，并帮助其完善与发展。美育主要是借助形象思维的形式来进行，称之为感情陶冶工作。教育人总是要动之以情，晓之以理。美育是以情感人，以情动人，对学生进行思想品德教育，促进学生完美人格的形成。许多优秀的文学艺术作品起到了教育引导作用。像《刘胡兰》、《董存瑞》、《李四光》、《甲午海战》、《创业》等，对学生高尚道德品质的形成、崇高理想的树立均产生重要影响。这些优秀文学艺术作品以它的人物美、思想美、行为美、精神美、事业美鼓舞着学生奋发向上，并接受它的影响和引导，从而增强了对真、善、美、假、丑、恶的分辨能力，激发爱国热情，提高政治思想和道德理想水平。

### 以美益智，开发学生内在潜能

国外科学家早在一百多年前已证明人的左右两部大脑的功能是不同的，只有把左右两个半脑的功能全部开发出来，智力开发才算全面。目前，中小学课程只有很少的几门课程涉及右半脑所辖直觉思维，擅长于创造和右脑半球的特殊功能却被人忽视，而美育正是开发人的右脑，有利于左右脑的协调发展，使人的智力得到充分开发。

在素质教育中，美育可以激发学生学习兴趣，变苦学、厌学为乐学，提高智育效果。在审美活动中，通过对自然美、社会生活美和艺术美的欣赏，又能激发学生对美的追求和学习兴趣，促进主动发展。主动获得有深刻哲理的思想，获得表达和创造的技巧，获得丰富的文化科学知识，培养和提高学生观察力、记忆力、思维力、想象力和创造实践操作力，促进学生智能结构的完善，从而达到提高文化科学素质的目的。

### 以美健体，提高学生身体素质

人们的审美追求，决定着对形体美、动作美的需求，这是学生主动发展提高体育活动的动机、持久性的源泉，美育能促进体育的发展。

体育是健与美的结合，它可以使人体魄强健、精神愉悦，还可以锻炼意志，增强毅力。而体育活动中，体育竞赛、体育表演中的武术、花样滑冰、游泳、跳水、艺术体操、团体体操等处处蕴含力量的美、体型美、动态美、造型美，处处渗透着美育因素，也正是这些美育因素驱动学生开展各项体育活动，达到强身健体、提高身体素质的目的。

### 以美育人，培养创新性人才

未来的社会需要创新性人才，在21世纪人才培养中，美育占有十分重要的作用。美育是面向全体，提高受教育者审美素养的普及性教育，是素质教育的重要环节，爱美之心，人皆有之。人们对美的追求，往往构成科学的创新动力。美育和创新之间存在着密不可分的联系。"审美的感情实质就是对创造的追求。"而从对创造力有重大影响的"动机因素、智力因素、个性因素"三大因素来看，无一不与审美修养有关。

人们对美好事物的渴求，丰富的美感修养，可以强化人们探求未知的动机，富有创造性右脑半球的幻想、联想、直觉悟性在于得到文学艺术长期熏陶、爱美天性、高尚情操、敏锐感觉、兴趣爱好、保护童真、丰富发展个性、培养特长均需要用美的多种形式的活动来实现。因此，在素质教育中重视美育，重视创新人才的培养，才能大大提高学生的素质。

# 7. 如何推进学校美育素质教育

各教学要素形成了美术教学的"分类教学、全面推进"的运行机制。总的说来，这种运行机制，以素质为核心，以挖掘学生潜能、发展兴趣特长为基点，让学生掌握基本美术欣赏技能，经分类编班进行美术专修教学，争取纵向进展，同时课余辅导从面上承接，满足学生猎奇涉广的要求，实现横向迁移，突出主体的地位。另一方面，使教师学以致用，教有专长，研有方向，充分体现其主导作用，是素质教育双向的最好体现。以现有的运行机制为照系"分类教学、全面推进"的美术教学运行机制具有素质教育的显著特征，主要体现于以下几方面：

## 把握学生的有效发展区，便于因材施教

学生现有素质和所期待、将形成的素质之间的区域是学生素质的有效发展区，是学生的现实水平向理想目标发展的动态区域。分

类教学法避免了"一刀切"的认识误区，能客观地认识学生群体的现实水平及个体差异性，进行意向选修，分类编班，根据学生的潜能倾向针对性地进行教学，以达到教师所期待、学生能接受的目标。但这种目标是对学生最佳发展方向的引导，还不够全面，而课外活动课给予了适当的补充，从知识面上满足要求。这样，在不放弃基本知识面的基础上引导学生挖掘发展各自优势，便于教师因材施教，确切有效地把握了有效发展区，促进"合格加特长"目标的实现。

### 承认素质相对稳定性，促进素质的动态发展

学生已形成的素质具有相对的稳定性，个体所形成的兴趣爱好也是相对静止的，而且这种相对稳定的倾向也是个体发展的需要。分类教学法承认了这种需要，从而进行教研，有的放矢地进行教学和指导，强化了这种需要的满足。从绝对意义上说，需要到不断满足的过程也是动态的。指定教育对象的素质随着教育程度的变化而变化。因而，承认学生内部需要的差异性分别并分层次地给予满足，调动了学生学习的积极性，促进了素质的提高。

### 兼顾知识技能的积累和情感意志的培养

兼顾知识技能的积累和情感意志的培养，使其相互影响，相得益彰。美术课具体的知识积累和技能训练所形成的素质属于质料范畴，其水平与学生掌握知识、技能的多寡和熟练程度有关。美术教学中意志和情趣的培养主要表现在能力、毅力、情操等，属于形式的范畴，主要通过能力训练、感情培养和意志磨练等渠道来培养。两者的划分是相对的，它们相互包涵，互为渗透。分类教学法走出以往美术课教学只注重知识积累和技能训练而忽视情感意志培养的局限。通过欣赏课提高学生的感受能力、培养美育情趣。知识的积累和技能的训练使其技能不断得到提高，其过程的思维突破、技巧发展也培养了学生对美的情感，磨练了意志。

### 强调教师从群体主体教育效能的局面出发

强调教师从群体主体教育效能的局面出发，充分发挥个体主体的教育优势。分类教学法不仅保留和发展了现有教研中集体备课、相互探讨、互相协调等教学常规。而且通过选任专修课教师，使教师"学以致用"，避免"学非所用"的消耗现象产生，使他们的特长、所学专业有用武之地，能较轻松地处理好教学与科研的关系，完善教研一体化，并在实际的教学中不断进步，达到"学教并用、教育专项、研有方向"的目标，从而调动教师教学和科研的积极性，促使他们自觉地去完善自己的教学风格并形成特色。对学校来说亦可实现对美术师资的充分且有效的利用。

### 提高美术教学的时效性，使教学改革更贴切教育现实

美术科分类的教学法是在不增加美术授课时间和不增设新课和的前提下进行的，尽可能地调动学生全部的美育审美感官，拓宽学生的艺术视野，让他们接触到更多的美术形式，在大纲所规定的时间内最大限度地提高了教学的效果。另一方面，美术课的这种机制改革避免打乱学校的总体所带来的混乱现象，而且不增加每位教师的工作量，反而使他们更得心应手。提高了在旧体制中试行新机制的可行性，使教学改革更贴切教育现实，遵循教育改革的循序渐进原则。

### 坚持素质教育的人才观，通过策略培养人才

美术课学习中存在某些方面的不足，可通过基础教学发现兴趣，通过专修课教学培养特长，辅以课外活动辅导实现美术教学中学生的和谐发展，提高教学质量。实际上实施的是"合格加特长"的培养策略，满足不同层次的需要，坚定"人无全才，扬长避短，人人成才"的信念，允许学生某些方面落后，更鼓励学生某一方面冒尖带动和谐发展。

美术教育"分类教学，全面推进"运行机制的初步设想，是基

于实践的思考，是致力于形成学科特色、寻找素质教育实施突破口的建议。

# 8. 学校推进美育素质教育的方法

没有美育的教育是不完全的教育，没有艺术素养的人是不完整的人。可见，美育工作在学校教育中占有非常重要的位置，特别是推进素质教育进程的今天，薄弱的学校美育工作应该花大力气，通过感受美、鉴赏美、创造美来夯实学生的艺术素质基础，来发现学生美的闪光点，激励学生美的创造。几年来，在实施素质教育过程中，十分重视学校美育工作，在学校师生共同努力下，取得了可喜的成绩。

### 构建美育工作网络，强化美育意识

加强队伍建设。强化教师的美育意识，因为教师是实施教育的主导，只有全体教师，特别是艺科教师明确肩上的责任，才能发挥其聪明才智，最大限度地为艺术教育贡献力量。构建学校美育工作网络，让艺术教育落实到实处意识的强化，网络的构建，保证了学校美育工作朝着健康、有特色的道路前进。

### 加大美育软硬件投入，优化美育环境

美育工作目的是提高学生艺术素养，就是要让学生感受美、鉴赏美和创造美，而美育工作的软硬件投入是基础。有一个良好的美育工作环境，才能充分激发师生由感受美到创造美的欲望，从而发挥美育的教育功能，塑造完整的人格。

抓硬件建设，夯实美育基础。重视美育的硬件建设，以保证学生艺术教育的开展。画板、写生台、素描模型、球、圈、带、棒、练功房、写生画室等硬件设施，这些为学校艺术教育及艺术活动的

开展奠定了坚实的基础。

抓校园文化，营造美的氛围。美的教育不仅要靠课堂、靠活动，校园文化建设也是潜移默化的美的教育。通过文化景点、绿化、美化、香化来营造美的氛围，让学生接受美的熏陶。

抓软件建设，落实美育教研，定期开展教研活动，注重教学常规。在教学工作中，搞好常规教学是前提，它是保证教学要求的行之有效的规范要求。因此，们坚持工作的落实，严格按照教学大纲、教材、教学进度实施教学，重视知识的结构性、完整性和规范性。

### 注重普及和学科渗透，提高美育效能

美育教育坚持了学科渗透和大面积艺术教育的普及工作，十分强调全体学生接受美的教育，以提高美育效能。通过艺术教育及活动，推进学校素质教育进程。

全体教师都应成为美育工作者，所有学科在教学过程中必须适时地对学生进行美育渗透，让学生在学习科学文化知识的过程中感受美、欣赏美，激发美的创造欲望，从而发现美，创造美。学校艺术教研室每周均要对部分教师、部分学科的美育渗透工作督导和检查，每月举行一次学科美育渗透的教研专题会议，研究美育渗透的方式和方法，鼓励教师主讲学科美育渗透教研课，每期评选优质学科美育渗透课，并与教师基本功过关和年度考核挂钩。

# 9. 学生在美育教育中的情商培养

实施素质教育被视为实现"科教兴国"战略的关键，各种学科改革、课程改革也是围绕着"素质教育"这个中心所开展的。美术教育的改革同样也是围绕着如何实施素质教育而进行的，因此，美术教育已从过去单纯的技能教学转变为全面重视和促进学生整体素

质发展的艺术教育。

什么是素质，素质本是生理学和心理学中的一个概念，但其又涉及到学生在学校生活和社会生活中的广泛使用的概念，从素质的内涵和外延的不同界定和解释有广义和狭义之分。狭义概念所指的生理学和心理学上具体的人的先天的生理特点，广义概念指人在先天与后天作用下所形成的身心发展水平，但无论何种解释其内涵中都包括着对人未来发展具有影响的部分，其中与人的情感有关的情商是人的素质结构的中间层次，它对人的后天发展起着极为重要的作用。过去的教育没有重视学生的情商，美术教育也没有关注学生的情感要求，而美术教育恰恰在学生的情商培养方面有着独特的作用和自身的优势。

### 美育中学生的情商因素

人们在客观事物对其是否符合自己主观需要作出反映的时候，总会产生一定的情感倾向，这些不同的反映受到人的情商因素的影响，它是人们对客观事物是否符合其维持个体和社会生存发展的需要所产生的不同态度的主观体验。在美术教育中，学生对作品不同的体验和主观反映，是学生获得心灵陶冶和学习动力的基础。"情商，被称作是人的一种心灵力量，人的一种为人的涵养，也被视做人的性格的因素。"情商包含了人自我情绪控制的能力、建立良好人际关系的心理品质，培养自我激励的心灵动力，它是以人们对某一客观事物能否满足其需要为中介。而美术教育的独到之处就在于美术教育是最容易满足人的情感需要的艺术教育。

学生在美术教育的陶冶过程，实际上也是学生实现其自我完善的过程，是促进学生心理品质的行成与发展的过程，也是人的精神需要与实现自我价值的体验过程。

在美术教育教学及美术活动中，影响学生的自我发展和自我完善的情商因素包括：学生对自然环境及艺术氛围的心理倾向，学生

对艺术作品的辨析能力和自我情绪的控制能力，学生在美术活动中进行艺术的心理适应能力和人与人之间相互协作的处世能力，这些情商因素始终影响着学生个人素质的形成。

**美育中注重学生的情商培养**

人在其自身的发展过程中不仅有物质需要，还有精神需要，满足学生合理的精神需要有利于学生身心的健康发展。人们在生活中需要艺术，也因为有了艺术生活才变得美丽，美术教育是帮助学生发现美、感受美、创造美的重要手段，是陶冶学生情操，实施美育的重要组成部分。美术教育实际上也是一种情感教育，重视学生的情商培养，是美术教育适应教育"以人为本"的要求，满足学生获得自我发展和自我完善的要求，服务于学生未来生存与发展的需要。

（1）满足学生心理需要的教育

重视情商培养，是满足学生心理需要的教育，是有利于学生素质"内在性"特征"内化"的教育。人的认识过程是产生情感的前提和基础，同时人的情感对人的认识过程有动力作用，美术教育的形象性、直观性最能适应少年儿童的心理特点和认识需要，最容易使学生获取情感体验，并使之转化为学生的内部动力。因此，美术教育如果脱离儿童心理需要也就是缺乏情商的美术教育，富有情商的美术教育能帮助学生获得将先天的基础实现后天的成就的内因动力，能培养学生去热爱自然、热爱生活，关爱他人。如一幅环保内容的图画，能让一些学生产生某种激情和冲动，产生对保护环境的某种欲望和责任感。因此，从某种意义上讲，富有情商的美术教育也是一种德育手段，它还能帮助学生克服自身先天的不足，去谋求自身最大可能的发展，"神笔马良"、"达芬奇画蛋"等在学生良好心理品质的行成过程中起了积极的作用。

（2）体现"发展性"特征的教育

重视情商培养的美术教育，是体现学生的素质"发展性"特征

的教育。"人的素质，不论是先天的，还是后天的；不论是身体素质，还是精神素质，都是可变的。"后天因素在人的素质形成中，人的情感发挥了极为重要的作用，在美术教育中注意学生的情商培养，能使学生增强对周围事物的兴趣，有利于学生进行积极的观察和体验，从而激发学习的欲望，获取学习的乐趣，增强学习的动机；美术教育中学生的积极参与，能帮助学生获得感受美、发现美、欣赏美、表现美的能力，有利于学生在学习和生活中不断调节和控制自己的情绪，促进学生形成良好的心理品质；美术教育为学生提供了广阔的表现空间，能激发学生积极情感的美术教育有利于学生积极观察、积极想象、积极表现，从面培养学生的创造性思维，提高动手能力，为学生将来的可持续发展打下良好基础。

（3）尊重素质"差异性"特征的教育

美术教育中重视学生情商培养，是尊重学生素质"差异性"特征的教育。人的素质差异不仅表现在先天的个性差异上，还表现在后天的发展差异上，同一件美术作品在不同的学生心理上会产生不同的心理倾向；具有相同心理倾向的学生在表现相同主题和相同内容的作品时，在形象、风格和表现手法上也不尽相同。教育要以人为本，注重人的情商培养，就能帮助学生正确认知事物、正确认识自我、正确调节自己的心理和行为，能促进学生的健康成长。培养学生的情商水平，尊重学生，因人施教是前提，承认差异，让学生在感受中体验快乐，便于学生的真情流露，有利于学生心理的健康发展。

（4）提高学生素质的整体效应性

美术教育中提高学生的情商水平，有利于提高学生素质的整体效应性。美术教育是提高学生整体素质的重要组成部分，是对学生实施美育的重要内容。因此，没有情商的美术教育是不完整的美术教育，没有美术教育的素质教育也是不健全的素质教育。美术教育所创造的良好的艺术氛围，能使学生产生情感冲动，陶冶学生的情操，有利于学生认知过程和智力的发展，增强学习动机，能促进学生良好思想品质的形成。

## 美术教学中培养学生情商的手段

美术教育是对学生实施美育的重要课程，它是学校实施素质教育的组成部分。培养情商，是为了发挥情商的介质作用，也是为了使美术教育更富有魅力，使之成为学生产生自我需要和内部动力的重要手段。

因为情感是人对客观事物的主观体验，所以体验教育是美术教育中的重要途径，是学生主体与客体之间产生关系的中介。培养在艺术活动中的感受性和表现欲，提高学生在体验中正确认识和调控自己心理情绪情感的能力；帮助学生学会正确判断他人情感，获得和谐生活、工作和发展的机会；指导学生正确协调人际关系，帮助其提高处世能力和水平。美术教育中培养学生情商的基本途径由以下几方面：

（1）在美术表现中获得心理感知

美术表现是学生使用各种形式、各种材料，通过创造性的劳动来表达自已的情感和体验，美术作品是个人情感与客观事物的介质反映。写生、临摹都是学生对客观事物直接或间接地感知和体验，所采用的夸张或写实手法都是与学生个人的心理倾向和表现欲有关，而学生的表现欲受学生对事物的感知程度、技能水平、心理需要和环境氛围的制约和影响。人在认识过程中产生了人的情感，人的情感对人的认知具有能动作用，它具有鲜明的心理指向性。培养学生的审美情趣，点燃审美激情，激发表现欲，培养表现能力，就要抓住学生兴奋点，根据学生的年龄和心理特点，满足学生积极的心理需要，充分发挥情商的能动作用，帮助学生正确地感知和理解客观事物。

（2）在美术欣赏中陶冶情感

欣赏是学生对客体的能动性反映，并从中获取对客体的情感体验。欣赏的客体包括大自然及大自然中人类创造的文明成就、各种艺术作品、周围环境中人的气质和品质等。在欣赏过程中，感情丰富的人对欣赏客体的感受面比较宽，感情细腻的人对欣赏客体的理解也比较深刻，影响学生欣赏水平的因素有学生的知识水平、阅历经验、兴趣爱好、个人心理品质等。

让学生学会欣赏，帮助学生欣赏是美术教师的任务。让学生去亲近自然，并从中获得愉悦，在欣赏大自然中陶冶情操，为学生提供背景知识和背景材料，指导学生去欣赏人类的创造成就，帮助学生获取欣赏经验。如在指导学生欣赏民居、桥梁的时候，先让学生收集有关民居、桥梁的图片、照片、介绍、故事等，让学生查资料深入了解其中自己喜欢的一至二个民居和桥梁，在教师的指导下由学生进行相互介绍，并做成一个小册页，然后在教师的组织下分类布置专题展览，这样提高了学生参与的积极性，增长了相关的背景知识，培养了能力。

（3）在生活交流中培养情感

教育与学生的生活实践与生活体验相结合，不仅增加了美术教学的丰富性、实用性和趣味性，还使学生增加了生活经验，获得了情感体验。如在封面设计的教学中，让学生为自己的日记本起个书名，从里到外设计一套封面，鼓励学生为自己的童年保留一份美好的回忆。

通过美术教学能帮助学生在生活交流中获得情感交流和体验，在苏教版三年级的"设计汗衫"教学中，让学生回忆父母最喜欢的汗衫，讲自己对父母穿上他们喜欢的汗衫有什么感觉，再为自己父母设计一件汗衫，最后写上设计的介绍，并把自己设计的汗衫给自己的父母看，由自己的父母为自己的设计打分评价。有位学生的介绍是这样写的："妈妈，这是我为您设计的汗衫，它是红颜色的，您穿上一定会很漂亮，汗衫是用吸汗、透风的料子做的，您穿上一定很舒服，希望您能喜欢，并请您打分。"同时，母亲也写上了评价，并打出了 98 分。当然成绩并不重要，而这种情感的交流一定能促进学生的健康成长。

（4）在集体合作中培养团队精神

在相互合作中体验人际关系，培养处世能力。良好的人际关系能让学生获得和谐的生活和学习环境，便于学生在这种氛围中获得适当的角色地位，有利于学生在集体中共同探究、解决学习和操作中的问题；帮助学生处理好个人与集体的关系，正确对待集中的问题，共同承担集体义务；培养学生学会理解，学会关心、尊重他人劳动，共同分享集体成果的能力。

在手工制作的教学过程中，受材料和时间的限制，学生个人完成作业任务有一定困难。以小组为单位，共同收集材料，根据各人所长自愿分工，协作完成，教师给予总分由学生民主分配，并注明得分原因，各小组还有代表介绍作品构思、制作过程、发生的故事等。在教学的各个环节中都能看到学生不同的态度、处事方法、为人作风等，如有的小组成员各不相让，争当主角；有的小组排挤大家不喜欢的人；有的小组平均分配成绩，互不得罪，教师应该注意观察，及时引导，帮助学生养成良好的人格品质。

（5）在多种评价中认识自己。

以往的评价是学生作业教师打分，教师尤如判官，学生只能是被动的接受者。改变评分方法，能调动学生的积极性，把教师评与学生自评、小组互评、全班展评、父母帮评相结合，大大增加了学生的参与度，也使学生在评价过程中听到多方评价的声音，以便学生在交流中更加了解自己，提高学生的自尊心和自信心。

在美术教育中，注重情商培养是美术贯彻教育"以人为本"思想的具体行动，善于发现学生的闪光点，激励和帮助学生不断实现自己的每一个目标的"成功教育"是经过实践证明的有效手段。美术也是一种情感艺术，美术教育需要情商培养，在美术教育中培养情商是促进学生全面发展的需要，也是美术教育适应社会文明进步的需要。

# 10. 素质教育下的学生美术教育

美术教育属于素质教育的一部分，是培养学生全面发展的一个重要组成部分。美术教育对学生发现美、欣赏美和创造美具有重要作用。

素质教育下的美术教育，不能靠说教和死记硬背，而是要激发受教育者的情感和兴趣，使其积极地投入到各种美术实践和美术体验中去，并以此来感受、认知、理解美的含义、内容和意义，然后转化为寻找美、发现美和创造美的能力。美术教学中，应从心理学的角度，将美术教学建立在受教育者的兴趣基础上，在方向上加以引导，使之不断学习，积累必要的美术知识。

**美术教育对素质教育实施的作用**

*（1）美术教育能培养学生的创造力*

创造力是后天培养的一种能力，到了近代，许多教育科目都将培养学生的创造力作为教育教学的目的之一，这一特点在美术教育中尤为突出。在美术教育过程中，激发学生的灵感，让学生认知别人创作的精髓，形成自己的认识进而实践自己的想法，是美术教育的主线。因此，美术教育对学生创造能力的培养有着巨大作用。

*（2）美术教育能使学生身心健康成长*

中小学阶段正是世界观、人生观形成的重要时期，而美术能影

响人的文化、修养、品位和情绪，对青少年身心健康成长具有重要的意义。在新《美术课程标准》中明确指出，"人的全面发展是人类努力追求的教育理想，美术课程不仅作为美育的一个重要门类促进这一理想的实现，而且，美术课程本身就包含情感与理性的因素、脑力与体力的因素，所以在促进人的全面发展方面，其作用是独特的。"

在美术教育中，学生可以通过各种方式参与美术活动，尝试各种想象实践的过程，学习美的鉴赏方法，激发视听灵感，体验美术活动的乐趣，获得对美术学习的兴趣，借以表达自己的情感和思想，从而形成美术素养，完善人格。

（3）美术教育与其他教育相辅相成

美育有助于学生智力的发展，但是只靠教师引导学生由认知走向创造是远远不够的，必须通过美术教育和其他方面的教育共同完成。

美术教育绝不是一门孤立的学科，它与许多学科都有着密切的联系。但由于长期的应试教育，中学生在美术课受到的教育少之又少，就很难达到与其它知识和技能结合的体验了。为了加强学生认知美和创造美的能力，美术教学中可以通过多媒体等先进手段激发学生对于美的兴趣和对比认知。在技能课、设计课和欣赏课上，教师用较深入的课前体察和课上引导，并在教学过程中融入其他学科的知识，才能达到教学目的。反观其他学科的教学也应如此，在教科书及各种教学挂图中，很多都是通过文字、符号和图像来阐明内容的。美丽的图像能给学生带来美感，渗透着美的教育。

**在美术教学中进行素质教育的几点尝试**

（1）注重教育理念创新

注重教育理念创新，在肯定共性的同时注重个性化培养。个性化教育是在承认学生共性的前提下强调学生个性的发挥，突出学生

的个体差异。美术课最突出的特征是它的表现性、多样性和个性化。教师应把学生自身的创造力尽可能地激发出来，支持他们的想法和对事物的理解及表现，适当地指导学生的绘画技巧，充分开发他们的潜能。当然创造力的激发不但需要好的主体，更需要一个好的环境。

例如，在一次美术课上，同学们出了一个"不是主题的主题"，让他们表达自己的思想，具体表现手法不限，绘画、手工制作等都可以。制作过程中学生可以任意提问，教师则从旁指导。课后，把教室某一处墙面作为作品展区，展览学生的作品，增进学生之间的相互了解。这次活动促进了学生独立思考能力的发展，使学生的个人情感与个性充分得到释放。

（2）运用多媒体技术

运用多媒体技术，丰富教学手段，激发学生兴趣。随着信息技术的发展，多媒体技术作为一种新的辅助教学手段，已经逐步深入课堂，带来了"教"与"学"的重大改革。多媒体教学通过形象生动的画面、声像、同步的情境、悦耳动听的音乐，在教学中显示出它得天独厚的优势，极大地丰富了教学，扮演着十分重要的角色。美术教学应采用多元化教学形式来引起受教育者的兴趣，多媒体技术可以很好地为这一宗旨服务。

美术是造型艺术，美术教学要直观、生动，美术教案的撰写也应体现这一学科特点。特别是美术课需要大量图片，用电脑制作教案即可达到图文并茂的效果。

（3）互联网教学手段

利用互联网丰富教学内容，交流教学经验。信息技术改变了我们原有的生活和工作方式，多媒体撰写和管理教案为美术教学提供了极大的便利。

例如：在七年级下《绿洲》一课的教学中，教材是以超现实主

义绘画来激发学生创新思维的。为丰富教学内容从网上搜索了"超现实主义"的含义、超现实主义绘画的代表人物介绍及超现实主义绘画作品，丰富了教案内容，还建立了一个"学习资料库"便于以后查找和学生课后知识的拓展。另外，还能通过网络开阔教师的知识空间，提高教师自身的业务水平。

因美术学科属于小学科，在校的美术教师一般只有一两名，势单力薄，现在大多数学校将音、体、美"三小门"简单地划在一起教研，美术教师难以分享集体的智慧。在这种情况下采取网上交流的形式，可以登录相关网站看看同行的教案、论文，从他人的教学经验中得到启示，去探索属于自己的教学方法和手段，在诸多相关信息的不断碰撞中，构架起开放的教学模式。还可以登陆相关网站共享互联网资源，参加网上论坛，同行之间也能用电子邮件相互交流，以此拉近了彼此的距离，从而使自己的教学从封闭走向开放、从局部走向整体，使教案更丰富、充实。

# 11. 美术教育在素质教育中的必要性

对于我国这样一个人口众多的大国来说，首要问题就是要消除贫困，改变落后，而要提高全民素质，教育具有基础性作用。改革开放二十多年来，我国在经济上取得飞速发展的同时，教育事业也取得了举世瞩目的发展。然而，正如绝大多数发展中国家一样，我国也面临这样一些问题：教育基础相对薄弱，文化相对落后，经济不够发达等。形成了人均资源占有率较低的现实，人口素质亟待提高，社会发展对人才急需的状况与高素质人才匮乏的现实形成了较为严重的矛盾。

为适应时代的发展和社会进步的需求，素质教育被放在重要的位置上，这是教育改革的重大举措。在推进素质教育的过程中，越来越多的人认识到美术教育在提高与完善人的素质方面所具有的独特作用。尤其是美育列入教育方针以后，美术教育受到了空前的重视，迎来了新的发展机遇，进入了重要的发展时期。在向素质教育的转轨中，美术教育以它独特的教学模式，起着发展和完善人格以及提高人的整体素质的作用。

**美术教育及其与素质教育的关系和特点**

众所周知，今天的美术教育早已不是过去那种单纯的技能训练。我国新《美术课程标准》明确指出：美术课程具有人文性质，是学校进行美育的主要途径，是九年义务教育阶段全体学生必修的艺术课程，在实施素质教育的过程中具有不可替代的作用。

九年义务教育阶段美术课程的价值主要体现在以下几个方面：陶冶学生的情操，提高审美能力；引导学生参与文化的传承和交流；发展学生的感知能力和形象思维能力；形成学生的创新精神和技术意识；促进学生的个性形成和全面发展。

由此可见，美术教育是"教育者有目的地运用美术手段，感染培养受教育者的一种社会工作和社会文化现象。它的目标是为了提高全民族的艺术文化素质，建设社会主义精神文明和物质文明。"而"学校美术教育是教育者遵照上述教育总体要求，根据受教育者身心发展规律，有目的、有组织、有计划、有步骤地通过美术欣赏和美术知识技能教学和其他辅助性美术教育活动，感染和培养受教育者，提高其艺术审美能力和艺术创造能力，陶冶情操，完善人格，促进其全面和谐发展的一项工作。"

我国的教育体制经历了由应试教育向素质教育的转变，究其根源在于社会的发展和社会进步的要求。应试教育本应是一种旨在为社会培养、选拔优秀人才的学校教育活动。问题出在，当升学竞争日益激烈时，应试教育会偏离初衷，走向其反面，将考试绝对化，

惟分数是从。自然，其负面效应会随之而来，从而背离教育的根本目的。而这个时候，一种旨在培养个体社会生存能力，塑造个体健康人格，为社会输送真正有用人才的素质教育就应运而生。

那么，什么是素质教育呢？

素质教育，是指国家强制的、平等的、面向全体学生，旨在提高学生的思想道德、文化科学、劳动技能和身体心理素质，促进学生生动活泼发展的学校教育活动。"素质教育体现了基础教育的本质，它从'培养有理想、有道德、有文化、有纪律的社会主义公民'出发，以培养受教育者高尚的思想道德情操、丰富的科学文化知识、良好的身体和心理素质、较强的实践和动手能力以及健康的个性为宗旨，素质教育要彻底摒弃应试教育的片面教育观，面向全体学生，为学生学会做人、学会求知、学会劳动、学会生活、学会健体、学会审美打下了基础，使学生在德智体等方面得到全面协调的发展。"

素质教育强调以培养学生的创新能力与实践能力为重点，其目的集中在人格的培养上，注重智力为知的素质，气质为情的素质，性格为意的素质，能力为技的素质是我们追求的目标。而美术教育是面向全体学生的一种艺术教育，在培养学生的创新能力和动手能力等各方面有着学科独特的优势。

**美术教育在素质教育实施中的重要作用**

（1）美术教育能使学生的创造力得到发挥。

创造，是人类自由的产物和表现，是人类在实践活动中，使客观规律性与自己的目的性相统一，从而按照自己的意愿和需要改造世界的活动。因此，创造力是人类区别于动物的重要标志之一，是人类生存和发展的一种重要手段。

美国学者阿诺德托因比曾有过这样的表述："为潜在的创造力提供良好机会，这对任何一个社会来说都是生死攸关的事情，这一点极为重要，如果社会没有让杰出的创造能力发挥出效能，那就是对

它的成员的失职，并将会给它本身带来只能责怪自己的那种惩罚。"
而一个社会是否有利于其成员创造力的发挥，最重要的是通过其教育表现出来的。所以到了近代，许多教育科目都将培养学生的创造力纳入自己的目标体系中。这在美术教育中体现得尤为明显。一些美术家，如罗恩菲德等人，甚至将培养学生的创造力推至独一无二的高度。我国现行的中小学美术教育大纲中，也都将发展学生的创造性和创造力列为美术教学的目标之一。

（2）美术教育能够使学生的身心健康成长

新《美术课程标准》中指出，"人的全面发展是人类努力追求的教育理想，美术课程不仅作为美育的一个重要门类来促进这一理想的实现，而且，美术课程本身就包含情感与理性的因素、脑力与体力的因素，所以在促进人的全面发展方面，其作用是独特的。""学生以个人或集体合作的方式参与各种美术活动，尝试各种工具、材料和制作过程，学习美术欣赏和评述的方法，丰富视觉、触觉和审美经验，体验美术活动的乐趣，获得对美术学习的持久兴趣；了解基本美术语言的表达方式和方法，表达自己的情感和思想，美化环境与生活。在美术学习过程中，激发创造精神，发展美术实践能力，形成基本的美术素养，陶冶高尚的审美情操，完善人格。"

我们知道，中小学生正是长身体、长知识的重要时期，也是世界观、人生观初步形成的重要时期，而美术能影响人的文化、修养、品位、情绪，对青少年身心健康成长具有重要的意义。由于"应试教育"的影响，学生一直感到校园生活枯燥乏味，严肃紧张有余，宽松和谐不足；这样沉闷的环境，对教师与学生的生理、心理健康无疑是一种伤害。

（3）美术教育与各学科的教育相辅相成

美术教育作为一门独立学科，却绝不是孤立的。它与许多学科都有着密切的联系。我国现行的中小学各科教材中，有许多要运用图像来阐明科学内容、剖析理论问题，甚至有些问题，只用语言文字符号难以表达，运用图像符号则一目了然，而且美丽的图像又能使学生产生美感，渗透了美的教育。譬如，在中小学的语文课教学中，为课文绘制插图，教师通过图文的密切配合，增强了讲课的艺术效果，更加深了对课文的理解。又如，配合化学实验课，用试剂绘制山水画，通过喷染不同试剂进行化学反应，显现出使人变幻莫测的绚丽景色，给人以美的享受。此外，还可以密切结合学校开展的各项活动，绘制大量的图画、海报等，发挥美术学科的教育作用。

没有美育的教育是不完全的教育。一个人的智力因素，即观察力、理解力、记忆力、想象力、逻辑思维能力和创造力以及非智力因素，即思想、感情、道德、兴趣、意志、性格、毅力、信心等。这些，都是教育的基本内容。美育有助于智力的发展。艺术美感作为自由感受具有自由直观的因素，有助于创造心理的形成。提高学生艺术素质的过程是教师引导学生由认识走向创造的过程，仅仅靠科学教育是远远不够的，必须与艺术教育及其他方面的教育共同完成。

被誉为现代物理学之父的爱因斯坦说："想象力比知识更重要，因为知识是有限的，而想象力概括着世界上的一切，推动着进步，并且是知识进化的源泉。"

### 美术教育与素质教育的目标本质相同

素质教育就是要使学生全面、和谐、自由地发展，使他们学会生存，具有拼搏、竞争的生活能力；学会学习，具有自学的能力；学会做人，具有高尚的道德品质；学会创造，具有适应社会发展需要的创造能力。在学校各学科的教育中，强化美术教育，有利于对艺术鉴赏能力的培养和文化艺术素质的提高；有利于丰富想象力，提高表现力和创造力；有利于提高视觉形象的阅读能力；更有利于全面素质教育的落实。

素质教育是社会发展的需要，而它自身的实现，也有赖于社会的发展和进步。社会要进步，就得依靠先进的教育体制和教学模式。美术课堂教学的灵活性与多样性，正好给其他学科带了个好头。

随着中国社会的多元化发展，对人才的需求也日益呈现多元化的趋势，过去那种严格按照社会短期需求进行"订制"式的人才培养机制，已经愈发不能满足社会快速变化的需求，由专才培养向通才培养的转变，是教育面临的新课题。而在实现这种转变的过程中，比系科设置改革等措施更重要的，是对学生的学习方法、思维方式培养的转变，而日趋僵化的应试教育模式难以适应这种转变，受到普遍的质疑，也就在情理之中。虽然在如何实现素质教育的具体措施方面，还要做出艰苦的努力和长期的探索，但是，素质教育概念的提出，至少使人们看到实现上述转变的可能。同时，人们的自主意识、自我实现、自我认同的意识和愿望也会随着社会的进步而普遍增强。过去那种对人才进行工具化理解的观念受到教育者和受教育者的共同质疑。

以进行单纯的知识学习，甚至以应试训练为手段，以实现逐级"攀登"的功利性"成材"教育，已经很难继续满足受教育者自我实现的要求和人格养成的实现。在这种情况下，无论是办学的方式还是教学的体制，就亟需转变了。

《中国教育改革和发展纲要》中明确指出：美育对于培养学生健康的审美观念和审美能力、陶冶高尚的道德情操、培养全面发展的人才，具有重要作用。素质教育的实施为学校艺术教育的发展开辟了广阔的前景。素质教育离不开学校的艺术教育。美育在推进素质教育中的作用越来越突出，它在提高人的素质方面有着其他教育学科所不可替代的作用。艺术教育对人的素质的影响，特别是对人的思想品德、人格境界、智力能力、身心健康等方面的积极作用，是其他教育所不可替代的。因此，重视艺术教育同重视素质教育、重视全面教育是一个不可分割的整体。没有美育就没有完全的素质教育。以美辅德，以美益智，以美健体，以美促劳，促使学生全面和谐地发展。正像苏霍姆林斯基所说：美育是道德纯洁、精神丰富和体魄健全的强大源泉。

随着美术教育在培养学生全面素质方面所发挥的不可替代的作用不断地被社会认可，实现应试教育向素质教育的转轨将不再是一个难题。21 世纪的科学教育一定是与艺术教育相结合的教育。

# 12. 美术教育在中职教育中所起的作用

时代的发展呼唤新型人才，美术教学作为素质教育中美育的核心内容，在培养学生创造力的同时也对学生的人格健全起到不可或缺的作用。

国家的综合国力和国际竞争力将越来越取决于教育的发展、科学技术和知识新的水平的提高。教育始终处于优先发展的战略地位。发展中国家与发达国家的差距，实际上体现为人力资源的差距。著名的未来学者奈斯比特也指出：处于伟大的知识经济时代，我们最重要的是创造力。创新是一个民族的灵魂和希望，也是新型人才立足时代发展的前提，同时也是中专职业学生在竞争日渐激烈中救生的前提。因此，如何培养一批具有创新能力的高素质人才，成为整个教育界共同关注的课题。

然而由于近几年随着大学的扩招，中专职业学校，招生难、生源质量差已成为中职教育的最大难题。如何把素质低的学生培养成高素质的劳动者正是各学校探讨解决的问题。本人认为，除了大力加强德育工作和积极开展心理健康教育及努力抓科学文化素质外，美术教育也能有效地促进学生的素质的全面提高。

不要误以为美术课就等于画画，这就把美术课的范围大大缩小，更不能局部地看问题，把美术课从美育的大目的、大方向上引入歧途。我们对学生进行美术教学并不是单纯为培养画家和兴趣，而是对学生进行高尚的思想情操和人格的教育，同时开发学生的智力，发展学生的全面思维能力，培养学生科学的观察力、概括力、想象力和创造力。其最终目的是学生的人格健全和培养学生的创造性思维，达到全面素质提高的目标。具体表现为：人格的健全及创造力。

**人格的健全**

心理因素是非智力因素的主要部分，是个体重要的生存能力，是发掘情感潜能，运用情感力量影响生活各个方面和人生未来的关键品质要素。现在学生由于大部分是独生子女，在温室中长大，集万千宠爱于一身，加上受外来不良文化的影响，不服管、易冲动、玩"个性"是他们比较突出的心理特点。美术创作活动可以抒发自己的情感、建立自信心及养成健康的成就感，帮助学生控制好情绪及冲动行为，正确对待挫折和失败，化解不良情绪。

美术有直接提供事物视觉形象的特点，是视觉空间里展现美好事物的形象过程。在教学过程中通过各种艺术作品欣赏分析，通过由浅入深的安排各种创作练习，让学生去感受、体会、分析、思考。如何将造型等诸多因素进行合理地、巧妙地组合、编织，达到最有效的美感体会，取得较理想的艺术效果。通过这些创作活动在学生的心中种下美好向上的种子。

学生的作品往往反映了学生的内心感受，通过作品，我们可以了解学生，及时发现问题并加以解决。故此美术是学生表现内心的方法，也是学生认识美、感受美、懂得美的方法。同时也可造就一双发现美的眼睛，使之与社会、科学、自然等方面紧密联系。从而具有一种社会美、科学美、自然美的能力。反映到自身的行为中体现出一种较高尚的审美观，从而达到人生艺术化及美化人生。

## 创造力的培养

在这方面美术教育表现得更为突出。在 21 世纪，国际的竞争是人才的竞争。我们正处在信息经济时代，知识爆炸、知识淘汰和更新的速度不再百年十年而是日计，电脑技术数月依次更新淘汰。因此只有那些富于想象力的，能够在掌握基本工具知识和专业知识发展规律外，还能够不断提出新创意、新方案的创造型人才，才能在竞争中取得生存。

美术活动是一种高度复杂的综合性实践活动。它即是情感和意志的表现又是智慧和才能的体现，同时也是运动操作技能活动，要求脑、眼、手等多种感官协调并用，这也显示出美术对开发学生智力、创造力等方面具有的特殊优势。

"生活是创造的源泉。"在一次美术课上，教师要求学生画他们最熟悉的昆虫，结果令人大开眼界，什么四条腿的蜘蛛，两只翅膀的蜻蜓等等。在生活中，学生虽然是每天都可见到各种物体，但真正要反映、表现生活时，就会感到茫然，无从下手。这是因为学生还停留在无意识状态中。牛顿发现万有引力也是从生活中苹果从树上掉了下来这一普遍现象中得到的启示。色彩斑斓的幻想，稀奇古怪的念头常常能成就伟大的事业。在美术活动中通过诱发他们去体验、认识生活，指导捕捉生活中最有表现力的一瞬间，让学生关心身边的人和事，培养敏锐的直觉。

美的欣赏也是想象力培养的关键。给你一颗露珠让你想象黎明的清新，给你一颗星让你想象祖国、黄河。在欣赏的诱导下，让学生展开思想，创造想象和再创造想象。然后学生用自己特有的形象语言表达对事物的感受，通过动手将抽象思维的形象变成可视形象，创造出一个新的可视世界，这对学生的想象力和创造力的发展有着不可低估的作用。

操作能力是创造能力的实践基础，没有实际操作经验，设计能

力便落空。例如在烹饪拼盘中，你已想好了内容但没有实践操作基础，即使你有最好的方案也会落空。操作能力是指按一定的工艺程序选择处理配置各种材料，创造新的艺术与物质成果的能力。操作是对手和脑的协调训练，特别是对形象思维的训练，这与在从猿到人的过程中的进化促成大脑的进化过程是一致的。操作能力在绘画、排版、手工等项目的学习中被训练得最为充分系统。

以上叙述美术教育通过对具象的、意象的、抽象的各类艺术作品的赏析和对艺术作品的形体、空间、色彩的布局分析和领悟，再经过独自观察、练习和思考。培养学生现代审美观和鉴赏方法，提高学生艺术和形式美的敏锐感觉。同时也获得了对创作元素的结构方式的综合把握能力，而这种能力将对学生今后生活中其他领域产生积极的影响，最终达到全面素质的提高。

# *13.* 美术教育与素质教育的关系

现代化教育在日新月异改革中的今天，现代科学的素质教育，是基础教育改革的核心内容，是社会政治、经济文化与人类自身发展的必然要求。"进一步改进德育工作的方法，寓德育于各学科教学之中，加强学校德育与学生生活和社会生活的联系，讲究实际效果，克服形式主义倾向。针对新形势下青少年成长的特点，加强学生的心理健康教育，培养学生坚忍不拔的意志、艰苦奋斗的精神，增强青少年适应社会生活的能力。"这是"素质教育"的基本内容。

## 美术教育是素质教育中重要组成部分

美术教育在古希腊时期是美育的重要学科，而我国美育教育也有着悠久的历史，就是在注重"数理化"的时期，美术课也是增进学生能力的不可缺少的课程。美术教育是促进学生德、智、体全面发展的重要课程之一。

（1）美术教育是小学阶段学生早期的智力开发有效途径

在小学阶段的学生早期的智力开发，就是要使学生通过对美术的学习，更好地去认知和理解美好的东西，充分地激发自己分析问题和解决问题的能力，使学生在观察能力、记忆能力、表现能力、想象能力和创造能力上有更大的发展和进步。

通过美术教育，对小学阶段的少年儿童进行早期智力开发，使他们能够自然地把自己的喜怒哀乐表现出来，充分发展他们的爱心、好奇心和幽默感，让他们更富于情感的表现，为完整的人格形成打下良好的基础。因此小学美术教育是素质教育不可或缺的重要组成部分。

（2）美术教育是发展儿童创造性思维和想象力的重要手段

在小学一年级的美术课中，发展创造性应该在儿童的绘画中占重要的地位。孩子用简单的儿童画来表达他们对客观事物所看、所想、所思和感兴趣的东西，图画成了孩子们表达自己思想和情感与它人沟通没有国界的"第二语言"了，同时图画是施展学生们创造力和想象力的简单途径。教学实践说明，想象活动与儿童语言之间有着必然的联系，而图画能"打开画匣子"，它能让平时沉默寡言的、非常腼腆的儿童都开口说话，是尽情地流淌内心世界的艺术语言。

在小学的低年级阶段，培养儿童的观察能力必不可少，有如植物对阳光、空气水分不可少一样，都是十分重要的。儿童在理解和认知的事物越多，理解周围自然界中看到的各种关系和相互联系也就越多，从中形成了他们想要了解客观世界的强烈要求。

努力启发学生们从平常的事物中看出不平常的东西，要他们将自己看到的事物，对自己感受最深刻事物以图画的形式毫无修饰地表达出来，收到良好的教学效果，从而使孩子们的图画技能也得到

有效训练，更重要的是培养了他们善于观察的习惯和能力。

（3）美术教育是儿童智力开发的有效手段之一

素质教育的重要原则，是启发学生提高能力，开发他们的智力。儿童通过观察大自然，表现自己的生活，设计制作各种美的作品，可以提高观察能力、概括能力、形象思维能力，更有利于培养求异创新的意识，激发他们的创造欲望。

美术课的德育功能是十分明显的，作为一种美术活动所具有的德育价值，贯穿于美术课的整个过程中。美术的特点是形象，它不是通过理论的说教与灌输，而通过具体的、有情趣的、生动的形式反映出来的在德育方面的展示，是其他学科不能比拟的。有意识地去引导儿童热爱生活、热爱家乡、热爱祖国的美好情感。因此，生动、形象、有趣味、潜移默化，是在美术课中进行德育教育的特点。

**美术教育如何为素质教育服务**

素质教育中的素质，一般说来有：文化素质、思想品德素质、身体素质、心理素质等。素质的高低往往决定一个人社会能力和事业成功的重要因素。小学阶段的基础教育，也就是打好素质基础的基础，提高学生素质是教育的目的，当然，也是美术教育教学的重要教学目的。

（1）美术教学立足面向全体学生

作为素质教育的有机组成部分，美术课必须是面向全体学生的课。这不仅仅是素质教育本身的要求，也是作为美术课是否能成为素质教育途径的标准。中小学美术课是艺术教育课程，是一门文化课程，是提高全体学生文化艺术修养、审美能力的课程，这一基本的课程性质是由素质教育的基本目标所规定的。

从素质教育的要求出发，美术教育的目的和任务，就应该是提高全体学生的各方面素质。在美术教学过程中应进行思想品德教育、审美教育，培养创造意识能力、观察能力、想象能力。现今仍有许

多人，把美术教育的成功标准定在学生获多少比赛奖，定在考上美术专业学校的人数的多少上，有些教师把主要精力放在辅导少数苗子身上，不厌其烦地训练，而忽略了大部分的学生。尤其是小学的美术教育，是一项基础性教育，是为了通过美术教学，发展儿童的形象思维，启迪儿童的心智，锻炼儿童的创造力和想象力，培养儿童爱心的教育，是提高全体学生文化修养的一门课程，美术教育效果的优劣，绝不仅仅局限于获奖多少，而是每个美术教育工作者都要清楚地认识到，只有在美术课堂上，使学生们都能得到文化艺术修养、审美能力和德育素质的提高和锻炼的课，才能称得上是好的美术课，才能达到为素质教育服务的目的。

评价一个学校和一个美术教师的工作，也应该把重点放在这上面。当然，这不是说教师不应重视课外小组的活动，不重视比赛。

（2）树立全面的美术教育观念

体现素质教育的美术教学，必须更新教学内容，开拓新的领域，必须坚持破除"绘画为中心"的旧教育模式，为全体学生的素质提高为目的，加强工艺美术和美术欣赏的力度，以开阔学生的文化艺术视野，提高文化修养为教学目的。历来我国的美术教学模式都是以绘画为中心，把美术与绘画等同，只注重绘画技能的训练，而把美术的众多门类排斥在外，这十分不利于培养学生学习美术的兴趣，不利于对学生进行审美教育，也十分不利于学生智力的开发和培养。

譬如工艺美术教学，对学生的实践能力、动手能力有很大的提高，对于提高学生的学习兴趣与培养学生美化环境的意识与能力，都有着十分重要的教育价值。比如封面设计，标志，桌案小摆设的制做设计、布贴画等，都可以提高学生的学习兴趣，拓宽教学的内容，发展学生的智力和创造力。

另外提高学生的欣赏能力和审美判断力也是十分重要的，因此，重视欣赏教学就显得十分重要了。如果仅仅将美术教育看成技艺教

育、学生欣赏与评价作品的能力，就不利于学生开拓文化视野、增长各方面知识、提高评价判断力。所以，要达到素质教育的目的，就要调整教学内容，更新知识。

（3）改进完善教学模式和教学方法

要提高学生的素质，教学模式和教学方法也要不断改进。要培养学生学习美术的兴趣。美术课程是进行艺术教育的主要途径，教师应有为教育事业做奉献的精神才能感染学生的心灵。美术教师进教室之前应控制住自己的情绪，排除与本课无关的情感干扰，满怀激情和自信地进入教室。特别是常从事美术教学的教师，更要有敬业精神，这是提高教学质量的基本保证。只有教师满怀热情、全身心投入时，才能真正调动学生的情绪，感染和激发学生的学习兴趣和学习积极性。

运用良好的教学语言。语言是人类交流信息的信号，教学语言是授业解惑的主渠道，美术教学语言更具有其显著的特点，具有形象性和艺术性。理想的美术语言是清晰、流畅、准确、生动、形象、声情并茂的语言，它是美术教师的文学艺术修养、语言艺术修养的具体体现。

培养学生的实践能力。美术课既是审美教育过程，也是美术智能训练过程。学生必须眼、脑、手协调动作，才能真正掌握美术的技能。因此培养学生的实践动手能力，是美术课堂教学的重点之一，但是美术技能的学习不同于劳动工具使用的训练，它不仅需要更多的时间，更需要美术知识的引导，从而进行有意识、有目的、有个性的描绘与制作，才会有成效。另一方面美术知识的学习、审美能力的提高，在一定程度上又有赖于美术技能的提高，他们之间是相辅相成的不可分割开来的。所以在美术课堂的教学的大部分时间，应用在培养学生动手、动脑的美术实践上。

教师应注重对学生的个性辅导。美术教师除课堂讲授之外的功

底，大部分体现在教学辅导上面。在图案设计、工艺制作、命题画创作中发展学生的个性，培养他们的创造能力。学生在创作过程中，教师应不断地给学生以肯定，鼓励他们的成绩，不断启发他们的创造思维，严格要求学生把握形态特点，一定要创新，一定要与别人不同，这是培养学生创造能力，考验其意志力的好机会。创造力越强、越肯动脑，心灵也就越巧。总之，美术教学不同于数理学科的教学，美术课不仅有知识问题，还得训练技能，特别是还有个性与创造性问题，这是艺术学科教育的重要特征。

积极开展第二课堂，培养儿童观察能力，使其养成爱观察的习惯。兴趣是观察的动力，罗丹早就说过："对于我们来说，自然中不是缺少美，而是缺少发现美的眼睛。"作为教师，在教学中，儿童碰到的不是怎样画，而是怎样看的问题。在教学中，鼓励学生用绘画日记的方法记录所在生活中发生的有意义的事情。这不但是儿童创作搜集素材的一条途径，也是培养儿童观察事物的习惯，使儿童有意识、有目的地去认识世界，发现世界，培养儿童洞察事物的本质特征、具有审美能力的眼睛。

运用现代化的教学手段进行美术教学。以提高民族素质为目的的教育必须紧跟时代的步伐，现代化、多媒体等教学手段进入课堂已成为必然。教师可以运用投影仪、录像机、录音机等进行美术教学，这样可取得较好的教学效果。美术课是形象性的教学，美术造型多依赖具体的形与物，因此，用投影仪示范，省时省力，又可显示出色彩。不过现代化的教具，只是教学的辅助手段，不能喧宾夺主，在美术课上，学生是活动的主体，应充分调动他们的积极性，给他们足够的时间与空间，参与美术活动。在美术课中适当地引入音乐，在欣赏与创作活动中提供音乐旋律，对营造良好的艺术氛围，调动学生的学习积极性，陶冶学生的情操，是十分有益的。但是在教学把握中，要掌握住节奏和程度，不能每节课都放音乐，这是十

分不恰当的；其次，音乐的选择也有一定的要求，听觉效果过强的音乐，往往会分散孩子的注意力，不协调的音乐，会干扰孩子们的情绪，所以教师应充分考虑到这些特点，采用适当的方法，以获得良好的教学效果。

美术课的教法改革是一件长期性的工作，也不是模式化的。美术教师应当在自己的教学实践中不断地总结经验，不断地创新，不断地提高。

21世纪发展的人应该是更为主动的人、可持续发展的人、具有创造意识和创造能力的人。培养具有这种素质和能力是各个学科教育必须承担的共同责任。现代美术学科教育的目标要脱离狭义的学科知识和技能的实现，而应与全面培养人的各方面素质为目标结合，考虑到本学科的知识学习和学习技能训练为目的，要充分考虑其综合素质的发展，所以美术教育应为素质教育服务做出应有的贡献。

# 14. 美术教学实施素质教育的问题

在充满挑战和希望的新世纪，只有提高全体国民的整体素质，我们的国家才有希望，我们的民族才能立足于世界优秀民族之林。学生是祖国的未来，我们迫切需要全面发展的一代新人。审美素质是学生整体素质的重要组成部分之一，美术教育是实施素质教育的一个不可缺少的环节，越来越多的人认识到美术教育在提高与完善人的素质方面具有独特的作用。美术教师怎样上好一堂课，如何在教学活动中体现素质教育要求，显得非常重要。

## 使学生能积极主动地学习

"乐学"，即以学习为乐趣。兴趣是最好的老师，当人们乐意学习的时候，就比被迫的学习轻松得多、有效得多。启发学生的学习兴趣是非常重要的问题。学生的学习负担过重，致使学生产生厌学的情绪，从而降低了教学的质量。为了改变这种状况，我们应以美术教育作为素质教育的突破口，激发学生的学习兴趣，充分调动学生学习的积极性，变被动的学习为主动的学习。

捷克教育家夸美纽斯曾说："要千方百计地激发起孩子们强烈的求知欲和学习热情。"这说明"乐学"是学习的关键，只有学生"乐学"，才能使学生变负担为一种兴趣，才能真正意义上减轻学生学习的负担。艺术对人具有很大的感染力，本身似乎与"乐学"先天地结合在一起，我们应利用美术学科的特点，激发学生的学习兴趣，变"厌学"为"乐学"。只有这样，才能更好地发挥学生的主体作用。

### 学校应该注重因材施教

学生因遗传、家庭教育和社会环境等因素的影响，形成各自不同的个性差异，在知识的接受和具体的表现中会参差不齐，我们应从学生个性出发，因材施教，挖掘学生的潜能。全面推进素质教育，要坚持面向全体学生，而不是个别的"尖子生"。

中小学美术教育的目的主要不是培养艺术家，而是以提高学生的审美意识和审美能力为前提，树立正确的审美观，陶冶学生的情操，培养他们感受美、欣赏美和创造美的能力。因此，美术教学的内容和方法要照顾全体学生的实际情况。只有以点带面，因势利导地面向全体学生，才能全面提高教学质量。

### 将德育渗透到美术教育中

道德作为调整人们行为的准则和规范，对于人具有十分重要的作用，学生学会学习的同时要学会做人。道德品质低下的人，其他各项再好也没有用。德育是素质教育的核心，美育是素质教育的重点，们应将德育渗透到美育中去。

美育可以辅助德育，美的教育在更深层次上，对于人格的完善

和发展将发生持久和牢固的作用。有时，潜移默化的教育，比一般的说教具有更深更强的说服力。我们应利用美术课堂渗透爱国主义、集体主义和社会主义教育。中华民族有着悠久的历史和优良的文化传统，美术课应积极参与文化的传承，让一些课题体现民族文化和民族精神，注入中华民族文化的审美理想，在传授美术知识的同时，渗透思想教育。

### 培养学生的创新精神和实践能力

美术实施素质教育，应以培养学生的创新精神和实践能力为重点。在知识经济时代，创新精神是社会成员最重要的心理品质之一。美术课程被公认为是对创造力的培养最具成效的课程之一，我们在传播美术文化的同时，努力培养学生的创新意识和创造能力。从某种意义上说，创新是一种思维求异求新能力。我们要培养学生的创造思维，着重训练学生的发散性思维能力和逆向性思维能力，使其通过联想、类比，发挥丰富的想象力。

从心理学角度讲，每个人都具有创造的才能和潜质。我们要让每个学生都能"人尽其才"，树立创造意识，尝试创造。我们要根据学生的生活范围、基本能力，按一定的教学目标，选择和设计教学课题，活跃学生的思维，激发学生的创造才能，使创造成为学生的精神需要。

### 完善美术课程的评价机制

课程的评价是现代教育的重要环节，其主要目的是为了改善和提高教学质量。为实现这一目的，需要树立一种全新的美术课程评价理念。现代课程评价应贯彻素质教育的精神和"以学生发展为本"的思想，旨在促进学生的学习，其核心是促进学生的发展。我们要注重美术学习的"过程"大于美术学习的"结果"。让每个学生都在美术学习的过程中得到一种体验。并要注意学生个体的差异性，用发展的眼光看待学生。

应注意保护学生的独特的个性，并给予学生发挥个性的自由。对学生应以鼓励为主，鼓励学生大胆表现、大胆创新。一个学生，作业也许有独创性，但由于技能不熟练，未能表达出好的效果。我们在讲评作业时，应看中其独创性，应对学生的创造力予以充分的肯定，千万不可挫伤学生创造的积极性。即使作业并不理想，也要找出其闪光点，予以鼓励。

而且，教师不能以"成人化"、"专业化"的眼光去看待学生的美术作业，更不能以"像不像"作为衡量美术作业的标准。美术作业评价时，要尽量体现美术的多样化、个性化和创造性等特征。另外，除了教师要学会评价学生的学习，也要让学生学会评价教师的教学和学会自我评价。这样才使美术课程评价体系形成相互促进、不断完善的系统。

教师肩负着教书育人的重任，建设高质量的教师队伍，是全面推进素质教育的基本保证。由于美术教育本身内涵的丰富性，使得美术教师必须是具备综合素质的人才，美术教师要不断学习、探索和实践，这样才能真正地发挥教师的主导作用，让每一堂课、每一个教学环节都体现出素质教育的精神。

# 15. 素质教育与学生音乐教育现状

在当代世界教育改革潮流中，音乐教育作为培养学生素质的重要组成部分，越来越引起各国教育领域的重视。然而音乐教育在国家学校教育中历来不受重视这是人们所公认的。虽然近些年来新课程改革，从某种程度上说，音乐课在新课程的理论上受到了比较高的重视，但真正实践于学校教学活动中却是很不乐观的。原因有很多方面，最主要的还是以下这两个方面：

### 旧的教育观念根深蒂固

我们现今掌握教育主导权的这部分人，大部分是在我国受应试教育模式培养出来的，要他们改变培养他们成长的这一套教学模式谈何容易。改变虽然是一种创新，但更重要的是对他们所受教育模式的一种否定。应试教育是以考试为目的、以考试分数为唯一评价结果的教育，而不是我国孔孟之道以培养真善美为目的、以因材施教为手段的传统教育，可见应试教育并不是我国的传统教育。

国家的教育要进步，就应该根据时代的变迁在传统的基础上进行合理创新和发展。国家教育部提出了新课程改革，说明了他们对教育的前瞻性，也说明了他们要让中国的教育模式与时俱进，跟上世界教育的步伐，甚至超过其他国家。很多领导者都清楚地认识到当今世界的竞争是人才的竞争，而人才的培养主要还是要靠教育，中国人都很聪明，从小生长在外国的中国人，基本上在学校的学习成绩都是名列前茅，完全不逊色于外国的孩子们。以色列那么小的一个国家却是创新型人才层出不穷的摇篮，拥有六所世界一流的大学，为什么在人口十四亿多的中国，却那么缺少创新型人才呢？不同的教育观念产生了不同的教育结果，最主要的原因应该是落后的教育制度吧。国家的新课程改革是实施了，而且实施了好几年了，但大部分教育者还是我行我素地实行那一套应试教育的手段，素质教育是德智体美全面发展的教育，而不是一味强调智育的单一教育，旧的教育方式就是只重智而不重其他方面发展，这种教育结果很危险。

现在国家独生子女越来越多，从小娇生惯养，自私脆弱的心理特征显而易见。重智育的教育观将会使这些孩子道德观念低下，体能柔弱，缺乏正确的判断能力和审美观。曾经看过一篇文章，有位学者讲了这样一句话："如果教育培养出来的都是那些智力很高却道德低下的人的话，宁可整个国家的人都是道德高尚的文盲。"

## 音乐教育的重要地位被忽视

音乐教育是学校美育的重要组成部分，是培养学生正确的审美观，从而树立学生高尚的人生观和价值观的教育。在第六届全国人民代表大会上通过的"贯彻德育、智育、体育、美育全面发展的教育方针"，确立了美育在国家教育方针中的地位。在第三次全国教育工作会议上，江泽民同志在开幕式上的讲话中重新明确了美育是我国教育方针的重要组成部分。他指出："我们必须全面贯彻党的教育方针，坚持教育为社会主义、为人民服务，坚持教育与社会实践相结合，以提高国民素质为根本宗旨，以培养学生的创新精神和实践能力为重点，努力造就有理想、有道德、有文化、有纪律的，德育、智育、体育、美育等全面发展的社会主义事业的建设者和接班人。"在这次会议上颁布的《中共中央国务院关于深化教育改革全面推进素质教育的决定》中，明确提出美育是素质教育的重要途径和内容，强调了美育在学校教育中的重要地位。从中小学课程的设置上看，属于美育范畴的课程主要是音乐课和美术课。这两门课程和体育课被视为中小学教育中的"小三门"而不被重视，甚至教学时间经常被其他课程挤占。大部分领导和老师都会片面地认为一个学生只要语数等所谓的"主课"成绩好，那么这个学生肯定就是好学生。但却看到在很多老师们眼里所谓的好学生在生活中所表现出的一些恶劣行为，如：骄傲自大、自私自利、对老师和同学们的不尊重、破坏公共财物、小偷小摸等现象。这是应试教育下学生丧失了基本道德常识和判断能力的结果。认为新课程改革的内容很好，但问题是怎么样落实这种资源，怎么样利用这些资源，觉得目前研究的还很不够。就音乐教材来说，内容非常丰富，针对性也非常强，我想作为教师都希望自己的课能教的很好，学校有重视有鼓励，教师就肯定会有动力。但现今发现音乐教师的积极性随着学校或者说是教育部门对音乐课的淡漠而逐渐降温。

普通学校音乐教育的根本性质是素质教育，是面向所有学生敞开大门的陶冶性情、滋养心灵的音乐艺术教育，是提高修养，完善人格，促进全面和谐发展的音乐文化教育。真正的素质教育应该是德智体美劳全面发展的教育，我们应该把素质教育真正落到实处，让美育中的音乐课真正成为素质教育中不可或缺的一部分，教育部门如果没有一种强硬的措施，音乐课是不可能会得到学校的重视的。当我们听到别人说音乐课只是副课，无关紧要的时候，内心感到愤愤不平。

音乐课既然是素质教育中的必修课，我们就必须一视同仁，为了学生的全面发展，德智体美是缺一不可，缺少了其中一样就不是全面发展的教育，而是部分发展的教育。音乐课对中小学学生的发展有很多益处，主要有以下五个方面：培养学生的动手动脑的能力，为进一步学习打下基础；培养学生的参与能力、创造能力；培养学生的集体主义观和合作精神，塑造学生尤其是独生子女学生的健康人格；对特殊儿童教育如自闭症儿童的教育等有特殊的作用；培养学生乐观、自信、阔达的生活态度。经美国专家的调查：从小接受音乐学习的学生的犯罪率明显低于未接受音乐教育的学生，而且前者的智商基本上都要高于后者。

音乐教育是引导学生发现真善美的有效途径，从演唱、演奏、舞蹈、欣赏、游戏中潜移默化地引导学生去感受美、发现美、创造美，从而培养学生的正确审美观，树立高尚的人生观和价值观。苏联著名教育家苏霍姆林斯基曾这样说："音乐教育并不是音乐家的教育，而首先是人的教育。一个人在倾听音乐时，他也在认识自己，而且首先认识到，他作为人，是美好的；他降临人世也就是为了成为一个美好的人。"匈牙利著名音乐教育家柯达伊也多次指出："音乐是人的教育不可缺少的部分，如果不具备这方面的修养，教育就不完整，离开了音乐就谈不上是个全面发展的人。"

　　音乐课得不到重视从很大程度上说是受社会、学校、家庭三方面的因素所影响：首先，国正处在经济快速发展的时期，社会上盲目拜金主义的思潮高涨，人们更多关注的是如何致富、怎样才能赚到更多的钱，在我国经济发展的特殊阶段，学生也会片面地认为赚钱是最重要的，跟学习音乐没有任何关系，有些学生甚至对所有的学习都没兴趣，从而盲目地追求物质方面的享受；其次，学校片面地追求升学率，是否升学和音乐课学习的好坏没有任何关系，所以学校老师为了语数等所谓的"主课"成绩的提高而不顾及其他课程以及学生的感受，从而导致副课受冷落以及学生厌学情绪高涨，形成了严重的恶性循环；最后，家庭的影响也是重大的，现在也有一小部分真正懂得教育孩子的家长，在学生学习之余，还让学生学习音乐演奏和演唱。但毕竟还是不懂得怎样教育孩子的家长比较多，他们不清楚怎样发展孩子的能力，更不知道什么叫全面发展，仅仅以一张考试成绩单上语数分数的高低就是他们了解孩子学习情况的惟一凭证。基础教育课程改革目标明确指出：淡化评价的甄选与选拔作用，建立评价内容多元、评价方式多样的方法，着眼于促进学生发展、教师提高并有效改进教学实践的评价体系。

　　始终坚信每一位学生都有学习音乐的天赋，而且每一位学生对同一首乐曲都会有自己特殊的理解和体会。对如何落实音乐课教学工作，体现音乐教育的重要性，真正让们的学生全面发展，我认为应该把音乐纳入学生升学考试的必考科目，将音乐成绩计入升学考试总成绩中，在小学升初中的考试中就开始实行。这样社会、学校、家长、学生才会真正重视音乐，音乐课的教学才会真正落实，我们知道素质教育中的音乐教育是必不可少的，全面发展才是培养学生的真正目的。希望我们的学生能在学校学到更多有用的东西，让他们通过在学校音乐课上接受教育后变得更完美，通过音乐课培养他们真善美的高尚情操、优良的道德品质和渊博的知识内涵，真正成

为对社会和谐发展有用的人才。日本音乐教育家铃木镇一说："教音乐不是我的主要目的，我想造就良好的公民，如果让一个儿童从降生之日起就听美好的音乐并自己学着演奏，就可以培养他的敏感、遵守纪律和忍耐等性格，使他获得一颗美丽的心。"

培养全面发展的社会主义接班人是所有教育工作者的共同愿望，教育无小事，教育随着社会的不断发展，需要与时俱进，也需要不断完善，更需要不断创新。音乐教育作为学校教育中美育的重要组成部分，是加强社会主义精神文明建设，潜移默化地提高学生道德水准，陶冶高尚情操，促进智力和身心健康发展的有力手段，具有其他学科教育所不可替代的特殊作用。音乐课教学工作若真正的得到重视，深信素质教育这朵鲜花将会开得更加温馨灿烂。

# 16. 素质教育与音乐审美教学的联系

音乐教育是学校实行素质教育的途径和内容之一。学校通过开展音乐教育，可以有效地促进学生综合素质的提高，促进学生各种智能的发展，提高学生的记忆能力、思维能力以及想象能力和协调能力等。音乐教育还可以培养学生的审美意识和人际交往能力，促进学生具备高尚的情操并形成健全的人格品质，促进学生身心健康，促使学生生动活泼、主动地发展。

**音乐教育的地位和作用**

音乐是人类最古老、最具普遍性和感染力的艺术形式之一，是人类通过特定的音响结构实现思想和感情表现与交流的必不可少的重要形式，是人类精神生活的有机组成部分。音乐与生活具有广泛、密切的联系，对人的全面发展有着深远的影响。尤其在当今科学技术和经济迅猛发展的时代，音乐教育在促进人的发展和推动社会进步方面，更显示出它所具有的独特的功能和作用。

音乐课作为中学一门基础学科，是全面实行素质教育的内容和手段之一。通过音乐教育，可以开发学生的音乐智能，使其成为学生学习及创造的工具。上世纪九十年代制定的《中国教育改革和发展纲要》明确指出：中小学要由"应试教育"转向全面提高国民素质的轨道，全面提高学生的思想素质、科学文化、劳动技能和身体心理素质，促使学生生动活泼地发展。随着课改的深入开展，音乐教学在素质教育中的作用得到了充分的重视，现代教育技术的普及，也为音乐教学提供了技术上和物质上的支持，从而丰富了教学手段，提高了教学效果。在教育活动中，要充分利用校园网、音乐教学软件等现代教育技术成果，为学生创设生动活泼、丰富多样并能促使学生主动学习的教学情景，使学生的音乐智能得到开发。同时，也促进了学生其他能力的提高。众所周知，音乐教育不仅仅是单纯传授音乐知识，更主要是促进学生综合素质的提高。实践证明，音乐教育可以开发学生的多种智能，培养学生的审美意识和创新精神，塑造他们健全的人格，促使学生身心健康并生动活泼地发展。

**促进学生综合素质提高的途径和方法**

（1）促进学生注意力、记忆力的提高

音乐是能使人产生回忆的艺术，音乐的旋律随着乐曲进程而不断变化，结束之后使人产生无穷的回味和思考。音乐教育中，不论是演唱、演奏或欣赏音乐，都要求人们精神专注，而且要引起记忆、想象、思维，包括形象思维与逻辑思维等一系列的心理反应，这对于培养学生的注意力能发挥重大作用。音乐的理解由感知和记忆组成，旋律处于不断产生之中，需要感受正在产生的东西，用记忆把握已产生的东西，因此，音乐的学习和活动，处处要依靠记忆。优秀的音乐作品，往往使人终身难忘。音乐教育以多方面的知识丰富人们的记忆宝库。音乐教育对于培养学生记忆力的作用是显而易见

的。一部音乐作品，无论是器乐曲还是歌曲，学生在学会了之后，就是对旋律及其内容进行了心智加工，产生了记忆，这都是记忆力的训练和提高。旋律越美，越令人产生深刻记忆，难以忘怀。

例如，在音乐教学中，一首优美的歌曲经过传唱，不少学生不仅学会了歌曲的旋律，而且很快记住了歌词，这其实是音乐旋律所产生的记忆作用。又如，不少英语教师在英语教学中通过教学生学唱英语歌曲，很快就让学生记住了英语单词和句子，这是符合心理学理论的。通过咏唱发出优美的旋律和声音，经过听觉进一步刺激大脑皮层，产生更好的记忆效果。有研究者还创造了"歌唱英语"学习方法，这都说明了音乐的记忆功效。在音乐教学中，教师要主动自觉地利用音乐作为训练学生记忆力的工具，通过歌曲演唱、乐曲演奏、曲目欣赏等生动活泼的教学形式，让学生的手、口、耳、脑等多种器官并用，训练学生的记忆能力，提高记忆效果。

（2）培养学生的审美能力和高尚情操

中学音乐教材中，选取了不少中外名曲，教师在引导学生欣赏这些作品的同时，也是在教学生如何认识美好的东西、欣赏美好的东西，使学生的情操得到陶冶。一首好的音乐作品，往往也是一幅美妙的图画，是一幅流动的画卷。一首优秀的音乐作品往往经得起时间的考验，不会因时间的流逝而被人们遗忘。教师可以利用音乐课引导学生欣赏音乐作品，培养学生高尚的情操。改革开放以来，随着人们的物质和精神生活水平的不断提高，音乐的功能和作用逐渐引起人们的重视。

生活实践证明，音乐能改变人们的情绪，靡靡之音使人消沉，昂扬之曲催人奋进。当我们听一些轻松愉快的抒情音乐时，就可以感到浑身放松，精神愉快，忘记了一切烦恼。音乐可以给人以安慰，给人带来好的心情。诚如马克思所讲的那样，"一种美好的心情，比十副良药更能解除生理上的疲惫和痛楚。"现代医学研究也表明，轻

松愉快的音乐可以使高血压病人的血压降低。失眠者倾听舒缓的小夜曲，可提前一至二小时入睡

音乐可以防止大脑的早衰。实际上音乐疗法也被证明是有效的。教师可利用音乐课教会学生如何欣赏音乐，提高他们的鉴赏能力和审美意识。我们中小学音乐教育的目的并不是把每个学生都培养成音乐评论家和鉴赏家，而是教育他们具备一定的审美能力和高尚的情操。

（3）有利于发展学生的感知能力

音乐是一种听觉艺术，靠声音、节奏和旋律等的变化来塑造艺术形象、表现意境的。虽然人与人之间的理解水平有差异，但对音乐形象的总体感觉不会改变。例如，一首轻松愉快的乐曲，总会使人感到愉快，而不可能使人感到悲伤，这就是人类认知的共性。在教学过程中，教师通过让学生欣赏乐曲，借音乐形象来唤起学生对相关视觉形象、听觉形象及有关事物的联想，以此激发学生的思维想象能力。

通过欣赏音乐作品，学生对作品展开了联想与想象，从而使学生的想象力得到淋漓尽致地发挥。另外，在进行歌唱教学的时候，教师要引导学生想象自己置身于歌曲所描写的情景中去，深切领会歌曲的内涵，演唱时做到以声传情，以情动人。其间结合欣赏著名歌唱家演唱的作品进行分析，通过这样的方法，使学生的想象力得到激发和提高。

（4）培养学生的节奏感和肢体协调能力

音乐是一门节奏性强的学科，尤其是在敲打乐和摇滚乐中，乐手需要有较好的节奏感和肢体协调能力。如鼓手击鼓时手脚并用，钢琴、手风琴等键盘乐器需要双手很好地协调。教师除了从听觉上训练学生的节奏感以外，还应注意教会学生从身体的协调动作上去感觉、体验节奏，并运用到乐理的学习中去。增强学生的节奏意识

是音乐教学的目标之一，因为每一首乐曲，其节奏处理的好坏，是作品演出成功的关键，教师要通过多种方式培养学生的节奏感。通过演奏多种乐器，可以培养学生的节奏感和肢体协调能力，并能促进身心健康，教师要积极鼓励学生演奏各种乐器。如弹钢琴不仅可以陶冶人的性情，增加美的感受，而且可以达到健身强体的效果。弹钢琴时通过双手手指的活动，可以促进脑部血液循环，达到健身的目的。

（5）培养学生的人际交往能力与协作精神

我们都知道，当代知识经济社会是一个尊重个人价值的社会，更是一个需要合作、需要沟通的社会。人与人之间、个体与群体之间的关系越来越复杂多变。因此，教会学生热心参与、相互合作、乐于交往、善于应变的能力尤为重要。音乐教育因其独特的优势，将成为学生更好地参与社会相互沟通的有效途径。教师在教学中可以利用合唱、小组唱、重唱、自编自排小品、开展研究性学习等形式培养学生的协作能力。通过组织排练、参加演出、举办校园艺术节等一系列活动，不但为学生交往能力的提高和协作精神的培养提供了良好的途径，而且还发展了学生的个性与特长，增强了集体合作意识，有利于学生的开朗性格和良好品质的形成，促使学生生动活泼的发展。

（6）促进智能的开发和特长生的发现和培养

《普通高中音乐课程标准》明确指出：普通高中音乐课程在提高全体学生音乐素养的同时，还要为具有音乐特长、对音乐有特殊爱好的学生提供发展个性的可能和空间，满足不同学生的发展需要。

音乐智能与人类的其他智能一样，是因人而异的；有的学生对音准、旋律、节奏等很敏感，对音乐表现出浓厚的兴趣。对这些学生的音乐智能应尽早开发，促使他们个人的潜能得到发挥，为将来的人生选择打好基础。学校音乐教育应坚持普及与提高并重，在普及的基础上，注意发现和培养具有音乐天赋的学生，使他们人尽其才，充分发展。我们知道学校音乐教育的目的不是为了把每个学生都培养成为音乐家，但要为能够成为音乐家的学生创造条件。通过兴趣小组的活动，为具有音乐特长的学生进行专项指导，提供教育服务是学校的责任。

音乐课是学校的基础课程内容之一，音乐教育是全面实施素质教育的重要渠道。学校全面实施素质教育，是为了全面提高学生的思想素质、科学文化、劳动技能和身体心理素质，促使学生生动活泼地发展。音乐智能是人类多元智能的重要组成部分，学校音乐课教学是开发学生音乐智能的重要手段。通过音乐教育，可以有效地促进学生综合素质的提高，不仅提高学生的记忆能力、语言表达能力、思维想象能力和协调能力，而且能够培养学生的人际交往能力、促进学生具备高尚的情操并形成健全的人格品质。学校开展音乐教育，是全面落实素质教育的具体行动，能够促进学生身心健康，促使学生生动活泼地发展。

# 17. 舞蹈美育提高学生素质的方法

舞蹈美育是为了改变学生身心素质的教育，所以，除了通过舞蹈美化学生的行为举止、陶冶情操、和谐身心外，还应该着重对学生智力的开发和创造力的培养。因此，对学生自编自演的校园舞蹈的提倡，就显得十分必要。长期以来，校园舞蹈作品都是由教师创作的，现在还出现了花大钱请职业编导来运作的现象。开展舞蹈美育的最终目的应该是让受教育者能用自己的肢体来表情达意，在这方面，美术教育中儿童画的做法是值得们借鉴的。舞台上豪华和精美的舞蹈，不一定代表艺术教育的进步，而只有当确实是出于学生之手的，表现了他们所思所想的，反映了他们生活的作品的出现，哪怕是质朴的、稚嫩的、甚至是不完善的，也能够说明艺术教育的成功。

坚持以人为本，推进素质教育作为教育改革发展的战略主题，将"面向全体学生，促进学生德智体美全面发展"作为教育改革重点，这对作为美育的艺术教育提出了更高的要求。应该说，要面向全体学生，努力让每个学生都成为艺术教育的受益者是新时期艺术教育的方向。如果不克服现今舞蹈教育中的专业化、成人化的倾向，是不可能正确执行国家的美育方针的。

### 把握舞蹈美育的素质教育方向

艺术教育是实施美育的主要途径，但艺术教育不等于技艺教育、尖子教育。不能仅以掌握技艺的高低和是否培养出一批艺术人才来判断艺术教育的成绩，而应该面向全体学生，努力让每个学生都成为艺术教育的受益者，并将陶冶情操、提高创造能力、优化人的身心素质为最终目的。

### 明确舞蹈美育的非职业教育性质

舞蹈美育是一种不同于职业教育的非职业舞蹈教育。目前，可以说全国从事这一教育的师资大部分是毕业于职业舞蹈院校的学生。他们往往习惯于将职业舞蹈教育的做法用于普通学校的舞蹈教育，这也是造成专业化、成人化的原因之一。因此，让这些年轻教师明确职业性质，促使他们研究普通学校舞蹈教育的内容、形式和方法，十分必要。

### 真正发挥好不同赛事的不同作用

舞蹈比赛是促进舞蹈交流和发展的好手段。但现在国内舞蹈赛事一是太多，二是类型不清楚，这也从一定程度上导致了职业与非职业的混淆。"桃李杯"是职业院校表演专业学生的比赛，普通高校师范职业的学生就不要参加；"荷花奖"校园舞蹈比赛应该是普通高校舞蹈师范专业和舞蹈团队的比赛，职业院校表演专业的学生就不宜参加；教育部举办的"全国大学生和中小学生的艺术展演"应该是面向全国普通学校广大学生的赛事，所有表演职业和师范职业的大中专学生都不应参加。如果这几类赛事能够分工明确，那么就能使每一种舞蹈教育都有自己明确的方向和专门的评判标准。

### 坚持赛事正确导向，杜绝功利性干扰

舞蹈赛事的导向很重要，它关系到舞蹈教育能否坚持正确的方向达到应有的目的。普通大中小学舞蹈比赛之所以出现专业化、成人化的倾向，可以说就是与大奖总是落于技艺高超、场面热烈和演员亮丽的作品有关。在这种导向下，基层单位热衷于学习和练习高难度的职业院团的作品，互相攀比技艺的水平；领导部门专门选送容易得奖的亮丽作品参赛，而一些形象不好的孩子就没有机会参加这些活动，一批反映生活的有棱角、有个性的作品就受到了压抑。

# 第二章

## 学生美育素质教育与升级的故事推荐

# 1. 孔子受教

老子，姓李名耳，春秋时代楚国人。

人们称李耳为老子，是因为李耳是一位有道德、有修养、有学问的人。"老"包含着上了年纪却又富有人生经验的意思。

老子的名声很大，他写过一部书，名字叫《道德经》。《道德经》虽然只有五千多字，却用朴素的辩证法讲了宇宙的矛盾，以及矛盾转化的道理。

他说："祸兮福之所倚，福兮祸之所伏。"

这句千古名言的意思是：灾祸啊，就靠在幸福的旁边；幸福啊，它里面埋伏着灾祸。

这话告诉人们，遇到灾祸，你不要过于悲观失望，因为，这灾祸里包含着幸福。也就是说坏事会变成好事。

相反，你如果获得了幸福，那自然是好事，可是，这幸福中也包含着灾祸。在一定的条件下，幸福会变成灾难。这就是说，好事也可以变为坏事。

俗话说的乐极生悲就是这个意思。

在这祸与福的转换中有一个很重要的因素，那就是人的道德修养。

一个很有修养的人，不会因灾祸而颓丧，从此一蹶不振。

一个很有修养的人，他也不会因幸福而忘乎所以，从而骄奢淫逸，不知天高地厚。

在老子为周朝管理图书资料、当史官的时候，孔子曾经去拜会他。

当时，老子不仅比孔子年龄大，而且学问也比孔子渊博，名声

也很高，但他听说孔子要来见他，仍然十分谦虚地套了车，亲自赶着到郊区迎接。

孔子也赶着车。

老子坐在车上，静静地等候一位不曾相识的年轻人。

孔子的车走过来了。老子连忙走下车来。

孔子不仅感动，而且有些受宠若惊。他急忙停下车，迅速下来，双手捧着一只大雁，走上前来，说："老师亲自来迎，弟子实不敢当。"

老子笑了，说："谁是老师，谁是弟子，这不是绝对的。在我懂得多的时候，我是老师；在你懂得多的时候，你是老师。所以，我是老师，你也是老师；你是学生，我也是学生。"

孔子在老子那里住了一些日子，每天向老子请教、研讨问题。他从老子那里学到了许多知识和做人的道理。

老子也十分器重孔子，对孔子的问题总是耐心地、细致地讲解。

几天之后，孔子向老师告别，说："老师啊！鸟会飞，可是常常被人射中，从天上落下来；鱼会游水，可也常常被人钓起来；兽会走，又常常落入猎人的网中。只有一种东西，谁也降不住它，它云里来，风里去，想上天就上天，自由自在，那就是传说中的龙。您就是那样的龙啊！"

老子不以为然，说："别忘了，龙也会掉下来的。"

孔子向老子致礼，恭敬地说："不管怎么说，我这次来拜会您，收获极大。对此我永志不忘。"

在依依惜别之时，老子语重心长地说："我听说，有钱的人送行，是送钱；有学问有道德的人则是送几句话。"

孔子深情地望着老子，点了点头。

老子接着说："我没有钱，只好就冒充一下有学问有道德的人，送你几句话吧！"

孔子心情激动，洗耳恭听。

老子提高些声音，慢慢地说："有极高道德的人都十分朴实的。道德修养越高的人越不会骄傲，也不会贪恋和妄想。如若相反，恰恰说明道德修养不高。"

孔子记下了老师的话，说："您的话，我铭记在心。"

# 2. 季子挂剑

春秋时吴王的小儿子名叫季扎，因封地在延陵（今江苏武进县），所以世人称他为延陵季子。

一年，季子出使晋国，途经徐国，便去拜访他的朋友徐国国君。

席间，徐君看见季子身佩的宝剑，羡慕不已，又不好意思开口向季子索要。季子看明白了徐君的心事，但国事在身，不能当场把宝剑赠送给徐君。他心中暗暗打算，事后一定让徐君如愿以偿，把宝剑赠送给他。

季子出使晋国返回吴国途中，特意来到徐地，去实现心中的承诺，将宝剑赠给徐君。可是，徐君这时已经死了。季子得知消息后，心里很悲痛，便决定将宝剑送给当时继任的徐君的儿子，以了却徐君生前夙愿。

随从人员得知此事，便在一旁说："这宝剑是吴国的国宝，是不能送给别人的。况且人已死去，就算了吧。"季子说："这宝剑并不是现在我才答应赠给徐君的，而是以前我来这里时，徐君曾对这把宝剑羡慕不已，我因重任在身，不能当场赠给他，但我心里已经答应了。现在徐君死了就不赠宝剑，答应人家的事不做，这是欺心啊。爱剑伪心，正直的人是不该这样做的。"于是，取出宝剑赠给徐君的儿子。徐君的儿子连忙谢绝，说："父亲在世时并没有叫我接受您的

礼物，我是不敢违背的。"

季子见徐君的儿子终不肯接受宝剑，便来到徐君墓上，亲手将宝剑挂在徐君墓前，实现了自己心中的诺言。

# 3. 以俭为荣

在我国春秋时期的鲁国，有一位很有政治才干的宰相，他的名字叫季文子。

季文子出生在鲁国贵族家庭，他的爷爷是鲁国国君鲁桓公的儿子、鲁庄公的弟弟，名叫季成友。由于季文子出身于鲁国上流社会，能有更多的机会接触鲁国的政治，因而他在很年轻的时候就在政治上表现出了出色的才华。他通晓政治，勤于政务，在他当宰相期间，辅助鲁国国君制定了不少对鲁国发展有益的具体措施，做了很多有益于鲁国百姓的事，在鲁国有很高的威信。

季文子在外交方面也很有才华。春秋时期，诸侯兼并，政治斗争十分激烈，由于季文子很擅长外交，使鲁国在诸侯纷争、错综复杂的斗争中，具有一定的政治实力，季文子也因此在各诸侯国中有很高的名望。

季文子治国有方，政绩显著，因而在鲁宣公、成公、襄公三朝均担任宰相，前后执政三十多年。

季文子在鲁国从政的时间长，官位高，却十分注重俭朴律己。平日里，他最看不惯那些整日以炫耀财富为荣的贵族，尤其厌恶讲排场、搞浮华的风气。他家的住房极其简陋，平常饮食也总是粗茶淡饭。在衣着方面，他不仅自己平时很少穿丝绸衣服，就连他家的仆人，服装也比一般有钱人家的下人要俭朴许多。季文子对粮食非常爱惜，他家的马匹，从不允许喂一粒粮食。

由于季文子厉行节俭，看不惯贵族社会一些奢侈腐化现象，因此，那些铺张浪费，爱讲排场的人，对他很看不惯。

鲁国有个叫孟献之的大臣。他的儿子仲孙不懂得节俭是一种美德。一次，他见季文子出入朝廷时常穿布衣，坐的马车也十分寒酸，就耻笑地对季文子说："大人做宰相这么多年了，出出入入连件像样的绸衣裳也没有。喂的马不许用粮食，只许吃草。大人每天坐着这样的瘦马拉的破车，难道不怕别人笑话大人过于小气吗？再说：大人生活这样小气，要是让别国人知道了，说不定还会以为我们鲁国不知穷成了什么样子了呢？"

季文子听了仲孙的话，心平气和地对他说："我认为仲孙先生没有真正懂得什么是光荣，什么是气派。我觉得，一个人身处恶劣环境，懂得节俭，这是不难办到的；但一个人身处高位，物质条件极其丰厚，还仍能注重节俭，就不那么容易了，因为一般人很容易为自己的贪欲所支配。但是，一个真正有道德修养的人却能克制贪欲，因为他懂得俭朴能使人向上。这样的人才是真正有修养、有气派、令人钦佩的人。我想，一个国家的大臣如能厉行节俭，艰苦奋斗，上行下效，这个国家的百姓会很快形成一种节俭、奋斗的风气，这个国家就会越来越强大，抵御外来侵略的能力也会越来越强。仲孙先生怎么能说节俭是丢脸的事情，是会使国家衰败的事情呢？"

季文子一番有关节俭的话，语重心长。仲孙听罢，一时无言对答，只得红着脸走开了。后来，仲孙的父亲知道了此事，狠狠地批评了儿子一顿，并把他关在一间破屋子中，让他闭门思过。仲孙静下心来，反复思索季文子的话，终于明白了自己的错误所在。后来，他不但不再嘲讽季文子的节俭，自己也逐渐改掉了爱讲排场的毛病了。

又有一次，季文子家中来了一位贵宾。这位贵宾非常赏识季文子的才华，可见他案头的文具过于陈旧，就非常惋惜地说："您的才思怎么能和这些破旧的东西相搭配呢？"说完，他特地为季文子送上了一套非常考究的文具。

季文子见这位贵客送的文具过于讲究，又见人家一片诚意，因而对客人风趣地说道："你看我居室中哪样东西能和您这礼物配上套呢？我一向用惯了这旧物件，真要是一下子用了您这上等东西，恐怕文思会大减的。我看您还是留着自己用吧！"就这样，季文子硬是让他把礼品收了回去。

公元前568年，季文子因病逝世。由于他一生追求俭朴，他的家人为他入殓的时候，国君前往探视，发现随葬品都是些案头、橱中破旧的东西，不禁问道："家中难道不舍得拿出些值钱的东西陪葬吗？"

季文子家人听罢，摇着头答道："家中实在没有一件金、玉等贵重物品。"

鲁君不解地又问道："为什么不购置些来呢？"

季文子的管家听罢，含着泪说："国君，我家主人一生节俭，从不多占国家一文钱，还常为国事而解私囊，这样他实际上没有积蓄。如若不信，这里有账可查。"管家边说，边向国君奉上季文子家的账簿。

鲁君边看，边感动地点头，随行的不少官员亲见此事，也大为震撼。此事传至百姓中，人们都异口同声地夸赞季文子品德高尚。季文子节俭的美名越传越远。

季文子一生厉行节俭。他并不是没有条件过更舒适的生活，而是把俭朴精神看作是人应具有的一种道德修养。这在封建社会里，的确是一种难得的优秀品质。季文子的故事对于今天的人们来说，也有其重大的现实意义。俭朴是一种美德，是一种高尚的情操，但要做到这一点，并不需什么惊人之举，而要像季文子那样，

从日常生活中的点滴做起。我们有的人随意浪费粮食，衣服旧了些便不愿再穿，这样下去，俭朴谈不上不说，恐怕连古人都不如了。

# 4. 暖不忘寒

公元前654年前后，晋国发生了内乱。有小人诬告晋献公的儿子重耳。晋献公听信了谗言，误认为重耳有篡权之意，于是下令将重耳捉拿杀掉。重耳为了活命，连夜带着亲信家臣逃出晋国，开始了他漫长的十九年的流亡生活。

重耳在外流亡期间吃尽了苦头。这一年，他们逃亡到了翟国。一天，从晋国跑来了两个告信人。这两个人神色慌乱，他们一见重耳的家臣狐偃，便急如星火地告诉他：晋国国君已派人奔向翟国，他们打算秘密杀掉重耳。重耳得到此信后，急忙启程投奔齐国。可当大家慌慌乱乱赶到半路时，才发现管财物的家臣头领，趁着大家慌乱时，带着钱财逃走了。重耳一行中，再也没有一个人身上有半文钱财。没办法，大家只有忍着饥饿，翻山越岭，向齐国奔去。

后来，大家饿得实在走不动了，重耳饿得也眼前发黑，他挺着身子硬走了几步后，终于一头晕倒在路旁一棵大树下。这时老臣赵衰见重耳饿得实在难以支撑了，就拎着一只竹筒，一瘸一拐走上前来，劝重耳把竹筒中讨来的一点剩稀饭喝掉。重耳睁开眼睛望了一眼稀饭，他真想把眼前这"救命的宝贝"一口吞掉，可当他的目光落在周围所有人那焦干的嘴唇上的时候，便打消了自己独食的念头。他让赵衰到河边取点水来，把稀粥再调稀些，然后大家一同分享。过了一会儿，老臣狐偃率人挖了些野菜，重耳又和大家一起把野菜吃掉了。就这样，重耳和大家一路上半饥半饱，历尽千辛万苦，终于到达了齐国。

后来，重耳又流亡到了秦国，做了秦穆公的女婿。公元前636年，秦穆公决定出兵护送重耳回国做晋君。这天，天气格外晴朗。秦国的大军浩浩荡荡来到黄河渡口。渡口的船只早已准备停当。秦穆公把军队分成了两部分：一部分随公子重耳过河；另一部分自己带领，驻扎在河西以便接应。重耳望着眼前护送自己过河的秦军，想起自己在外流亡十九年，今天终于要回国执政了，内心无比激动。他跳上船后，与秦穆公道了别，便急切地命令手下人迅速渡河。

可他的命令下达了好长时间，船队依旧纹丝不动地靠在岸边，他有些生气，恼怒地喊着："为什么还不开始渡河！"

"公子，壶叔那儿还得第一会儿！"一位家臣答道。壶叔是重耳手下专管行李的家臣，这些年来，他随公子逃难到过许多地方，受过不少磨难，也挨过不少饿，受过不少冻。正因为这样，壶叔很懂得过日子要节俭。此时他正把重耳逃难时穿的旧袍子、旧衣服、旧鞋帽等等，一件件都洗干净，并包成大包小包，准备全都带回晋国去。甚至重耳早上刚刚吃剩的冷饭，壶叔也亲自晾干，装好，让人把它拿到船上，带回晋国。

重耳见壶叔那儿这么长时间还没安排利索，心里很着急，于是他便下船向壶叔所在的行李船走去，想亲自看看壶叔那儿到底在磨蹭什么。

他刚一走近行李船，就见船上摆满了一些破破烂烂的大包小包，心里忍不住发笑，他对还在往船上装破包袱的壶叔说："壶叔，你也太小气了！咱们这回不再是去逃难了，咱们这次是回家。我要当国君了。您想想看，我做了国君，要什么就会有什么，你还装这些破破烂烂的东西做什么？"说完，他不等壶叔说什么，一挥手，命令手

下人不要再往船上装了，并且叫人把已经装上船的破破烂烂，赶快拿下来，扔到河里去。

"公子，您说什么！"壶叔见公子这样不爱惜东西，十分恼火，他毫不客气地冲到重耳面前，指着公子的鼻子大声责备道："公子，这些东西并不是废物。它们陪伴了您将近十九年啊！您难道忘了，您在流亡中几次差点饿死、冻死，正是这些今天看来是破破烂烂的东西，一次次和您一起渡过了难关。现在这些东西还能用，您怎么可以吃饱了就忘了饥饿，穿暖了就忘了寒苦呢！公子，您不能命令随便将这些东西扔掉！"

壶叔的话说得句句在理，但此时重耳回国心切，根本听不进壶叔的话。依旧挥挥手说："啰嗦什么，壶叔！我说不要这些破烂，就不要这些破烂。"说着，依旧让人往下扔。

重耳与壶叔的这段对话，全被站在一旁的老臣狐偃听到了。他见重耳今天如此大手大脚，还不听规劝，心里很伤心。他想：公子的建国大业才刚刚开始，就摆出如此浪费的阔家子派头，这哪里有一点干大事业的样子。想到这，他便捧着一块秦穆公送给他的白玉，来到重耳面前，痛心地说："公子今天就要渡河为君了。现在河对岸就是我们晋国，在国内您可以有不少愿意为您帮忙的新大臣。我看，我狐偃也像您要抛掉的破烂一样，随从您的日子也该结束了。现在奉上这块白玉，就算我们分手时留下纪念吧！"

重耳听了狐偃的话，先是很吃惊，继而认真思索起来。狐偃话中有话，他这是告诫自己：人的地位变好后，不能忘记过去的苦难及同甘共苦的朋友。想到这，他流着泪对狐偃和壶叔说："你们责备得对。我重耳不该做暖而忘寒的事。今后也一定与大家有福同享。"说完，他忙命令兵士把丢到河里的破烂全都捡回来，并对河发誓，一再表达悔改之意。

重耳回国后，做了晋国之君——晋文公。他一直没有忘记在黄

河岸边的誓言，没有忘记壶叔和狐偃的教诲。他节俭自励，兢兢业业，很快把晋国变成了一个强国，使它成为春秋五霸之一。

# 5. 生活俭朴

春秋时代末期，齐国有位有才能的宰相，他的名字叫晏婴。晏婴是我国古代一位很出色的政治家，他在当齐国宰相的时候，为齐国的富强，为减轻当时齐国百姓的负担和痛苦，做过不少好事。由于晏婴在齐灵公、齐庄公、齐景公三朝时，都在齐国做高官，所以他又被人称为齐国的"三朝元老"。别看这位"三朝元老"在齐国居官的时间长、地位高、有名望，但他在生活上却从不追求奢华，日子过得相当节俭。

一次，齐景公为了奖赏晏婴治国之功，把晏婴找来，决定把齐国的平阴和棠邑这两块地方赐给他。

这两个地方是相当富足的，在当时有些人想要还得不到呢，可晏婴却不肯接受。他态度诚恳地对景公说："国君，我不敢接受您的恩赐。我认为当官的，首先应为君主和国家着想，其次才应为自己着想。现在百姓的生活贫困不堪，他们已经对朝廷和官府有了怨恨情绪，我们为臣的不顾及这些，还在拼命地追求自己的享乐，这会使百姓更加无法忍受，对公室的怨恨也会更加深的。"

齐景公见晏婴的话句句在理，态度又十分诚恳，也就没有再坚持。

又一次，晏婴正在家中吃饭，突然景公派人到晏婴家来。晏婴得知这位使臣还没吃饭，便把自己的饭分出一半请客人吃。结果客人没吃饱，晏婴也没吃饱。使臣回宫后，便把这件事告诉了齐景公。齐景公听后十分感慨地说："晏婴家里这样穷，我却一点也不知道。

这是我的过错啊!"说完,他当即派人带了一大笔钱给晏婴送去,让他作为招待宾客的费用。

可晏婴又是坚决不收。他对送钱的人说:"这钱我晏婴不能接受。我为朝廷做官,已经按官位得到俸禄了。我的生活并不穷,这些钱您还是拿回去还给国君吧!"

齐景公见晏婴既不要封地,也不要钱,心里实在有些不过意,他就命令手下人一定要想办法说服晏婴,让他把这钱收下。于是齐景公手下的人又去了晏婴家两次。他们左说右说,一会儿说晏婴的功劳比一般大臣高,一会儿又说晏婴现在的生活有些过于俭朴了,因此晏婴应该把这钱收下。可晏婴就是不肯收,他一遍又一遍地向来者陈述说,自己的地位高,就更应该在生活上注意俭朴,这样才能给官员作出榜样,从而使国政更加清廉。

来者见晏婴实在不肯收钱,就把自己的难处告诉了晏婴,"这是齐景公的命令,我们如果没有执行好,是要受到国君怪罪的。"

为此,晏婴亲自找到景公,对景公拜谢道:"我的家并不穷。因为有您的恩赐,我的亲族、朋友都得到了不少好处,我们已经很感激您了,您千万不要再给我什么其他钱财了,您还是用那些钱财去救济百姓吧!他们得到了您更多的恩赐,是会更加感激您的。如果您硬要把这些钱财送给我,我是很难办的。我把它们分给百姓吧,那是做了以臣代君来治理百姓的事,一个忠臣是不能这样做的;如果我收下了它,又没有什么用,那我就会像个装东西的筐子、箱子一样,成了守财的人,一个公正廉洁的大臣,也是不会这样做的。所以,你还是别硬把这些钱塞给我,我是不会做看管财产的傻事的。"

晏婴说完,向景公行了个礼,就要告辞。这时,齐景公慌忙上前拦住晏婴,对晏婴说:"您说的话句句都对。可是,先君在世的时候,朝中也有一位很有才能的大官,他的名字叫管仲。管仲一生为

齐国做了不少好事，他的威信也很高。可桓公封给他五百个村社，管仲并没有推辞，而是很乐意地接受了，这说明……"

"这说明什么呢？"齐景公的话还没说完，晏婴便把话接了过来，对景公说道："俗话说：智者千虑，必有一失。我觉得这话正是说管仲先生的不足。他一生的确为齐国做了不少好事，可他的生活却过于奢华。我觉得管仲先生在这一点上是做错了。"说完，他再次拜谢齐景公，拒绝了钱财。

齐景公见晏婴硬是不肯收钱，也没办法。他总是听到周围的人讲晏婴生活十分俭朴，于是便决定亲自去晏婴家观察一下。

一天，景公专找了个吃饭的时间，来到晏婴的家里，他故意不让随从报告，自己径直走到晏婴饭桌前。这时，晏婴正端着一碗糙米饭在吃，饭桌上只放着两盘菜：一盘鸟肉，一盘青菜，而且量还相当少。齐景公看到这种情形，再次说："您的生活如此清苦，这是我的不对啊！您总说您生活并不贫穷，今天我算是亲眼见了。"说完，景公惭愧地低下了头。

可晏婴像什么事情也没有发生一样，他先客气地请景公坐下，而后语调平和地说："大王，我的生活的确很不错了。现在百姓的生活很不富裕，一般作小官的，每顿不过吃饱小米饭。我的饭桌上有一盘鸟肉，这就等于一般小官的两顿饭了，现在又加上了一盘青菜，这就等于人家的三顿饭了。您说，我的才能不会比普通人高出一倍，可我却吃了他们三人的饭，我的生活能算清苦吗！"齐景公又被晏婴说得无话可说。他指着晏婴，无可奈何地摇着头。

后来，齐景公要给晏婴造一所新的住宅，也被晏婴拒绝了；景公见晏婴上朝时坐的车子很旧，又让手下人梁丘据给晏婴送去一辆漂亮的车子和几匹好马，又都被晏婴退了回来。就这样，晏婴一生过着俭朴的生活，为齐国的官吏在厉行廉洁、反对奢侈浪费方面做出了榜样。

# 6. 管仲守信

管仲（？—公元前645）即管敬仲，名夷吾，字仲，颍上（颍水之滨）人，春秋初期政治家。

公元前658年，管仲帮助齐国公子纠跟公子小白（后来的齐桓公）争夺王位。失败后，被囚禁在鲁国。

这年，齐桓公派人把管仲从鲁国押回齐国。一路上，管仲他们冒着毒辣辣的太阳，翻越了好几座山岭，好不容易才来到鲁国边境的绮乌。他们又累又渴，差吏便押着管仲到管边疆的鲁国人那讨吃的。

管边疆的鲁国人见押过来一名犯人，就问："这个人犯了什么罪？"差吏回答："这就是用箭射伤我们大王的管仲啊！恐怕他难逃死罪了。"管边疆的人听说过管仲的名字，知道他有很高的声望，心想：这可是到齐国做大官的好机会啊！如果我现在好好待他，倘若将来他不死，说不定还会被重用。那时，他必定感恩图报。况且我又不必费多大气力，真是小本大利啊！于是，管边境的鲁国人跪着向管仲敬献了饮食。

管仲想不到此时竟会有人这样对待自己，十分感激。管边疆的人趁机说："如果您能幸运的回到齐国，不被处死反而被重用，你将怎样报答我呢？"管仲想：我原想患难时粒米之恩也应重重报答，可是这人既不是同情于我，也不是敬重于我，而是乘人之危，索取报酬。于是，正色道："我身为重犯，生死难料，被重用更是无望。如果真像你说的那样，能被齐国重用，我将录用有才德的人，按功评赏。你说，我能怎样报答你呢？"管边疆的人十分恼怒。

管仲他们历尽千辛万苦，终于回到了齐国都城。由于大夫鲍叔牙的举荐，齐桓公赦免了管仲，任用为卿。从此，管仲大兴改革，举贤任能。齐国日渐强盛，终于成为春秋时代的霸主。齐桓公尊管仲为"仲父"。

身为囚犯的管仲，仍能做到光明磊落，诚实守信，真乃令人可敬可佩！

# 7. 卞和献璧

卞和，春秋时楚国人。

他是采玉工，长年在楚山中采玉。

这天，他偶得一块玉璞。凭他多年的经验断定，这是一块稀世珍宝。但是，不易被人发现，因为，美玉深藏在璞石之中。剖石采玉，不是件容易的事，又何况是这样的玉璞呢！

为了保全国宝，卞和决定冒着生命危险去见楚王。

当时，楚厉王接过玉璞，左看右看，仍是块石头，便勃然大怒，道："这明明是块丑陋的石头，怎么能说成是美玉呢！你定是图高官来欺骗寡人！"不容分说，便命人断其左足。卞和疼得昏死过去。醒来后，他心里想的仍是：断足不过少了一只脚，国宝不被承认，实在可惜！

厉王死后，武王即位。卞和又要抱着那块玉璞去见武王。全家人一齐跪倒，哭劝道："天下人都骂你是骗子，去了会被杀头的！"卞和听了，毫不犹豫，毅然抱着那块玉璞见了武王。武王看过后，还说是石头，又令人断其右足。

卞和两次受"刖"刑，失去了双足，但其献宝之心，仍不改初衷。

武王死了，文王即位。卞和抱了那块玉璞哭于楚山下。这时他已是白发苍苍的老人。他一连哭了三天三夜，哭得天昏地暗，双目泣血。楚文王是位圣明的君主，闻其事，忙派人去查明缘故。

来人问："天下人被砍去双脚的很多，为什么唯独您哭得这么悲伤呢？"卞和回答说："我不是为失去双脚而悲痛啊！宝石被说成石头，真诚的人被说成骗子，这才是我悲痛的真正原因啊！"

文王听了回报，被卞和的真诚所感动，派了上好的玉工去加工那块玉璞，终于得到了一块晶莹剔透、举世无双的美玉。这就是"完璧归赵"故事中所说的价值连城的"和氏之璧"。楚文王厚待卞和，卞和的冤屈被洗去了。

壮哉，卞和！美哉，卞和！卞和献宝的故事真乃催人泪下，他那忠贞诚实的中华民族品格，我们应该继承发扬。

# 8. 田文不怒

战国时候，魏国是"七雄"之一。

魏国强大起来是与大政治家、军事家吴起分不开的。

吴起，原是卫国人。他几经周折，来到魏国。魏国国君魏文侯十分高兴，因为魏文侯一直希望能有一位善于领兵打仗的人，以使魏国渐渐强大起来。

魏文侯下令召见吴起。

吴起身着书生服装来会见魏王。魏文侯打量着文绉绉的吴起，脸上不高兴地说："你是吴起？你能议论富国强兵之事？哼，我可不感兴趣！"

吴起知道魏文侯不信任自己。他笑了笑，整整衣襟，坐下从容地说："您一年四季常常派人去捕杀野兽，剥制兽皮，做成红漆皮衣，不知大王要干什么？"

那皮衣是魏王准备的军甲，听到吴起问这个问题，心中一惊。

吴起又问："您打造许多兵器，难道是用来装饰门面吗？还有，那些战车，仅仅是为了打猎吗？"

魏王要富国强兵的心愿被吴起说中了。他十分喜悦，说："吴起果然不凡，了解我的心愿。"

吴起哈哈一笑。

魏王问："既然你了解我的心意，那么，你就讲讲，我该如何去做？"

吴起挺挺胸，从容不迫地说："您做了许多打仗的准备，却不去寻找一位能够指挥打仗的人。这就好比您让母鸡去斗山猫，让吃奶的幼犬去摸老虎屁股。心愿很好，想要取胜，但结果却是悲惨的。"

魏王说："您是说我应该物色一位能干的指挥官？"

吴起点点头，说："对。需要一个懂打仗的人为您训练军队，带兵打仗。"

魏文侯十分高兴，伸出胳膊拉住吴起的手，大声说："你就是我需要的人！我下令让你做魏国大将军。"

吴起当了魏国大将军以后，协助相国李悝对国家政治实行改革，并率兵打了几次胜仗，使魏国成为战国早期最强的诸侯国。

魏文侯死了以后，魏武侯继位。他派吴起到西河去当郡守。吴起将西河治理得井井有条。这样，吴起在魏国的名声更大了。

不久，魏武侯要选一位大臣担任相国。因为吴起威信很高，大家都认为吴起被选中是理所当然的。

吴起私下里想：比一比满朝文武，也只有我适合担任这一要职。

出人意料，魏武侯在一天清晨向满朝大臣宣布："我命田文担任相国职务。"

田文站起身，上前接过相印，说："感谢您对我的信任。"

这时，众大臣都愣了，大家都转头看吴起。吴起果然气得满脸通红，显出非常不满意的神气。

退朝之后，大臣们纷纷走到田文面前，说：

"恭贺你荣升相国！"

"祝田相国今后顺利。"

须发皆白的田文哈哈一笑，说："这是魏王对我的信任。其实，田文没什么了不起，今后还要靠大家的支持！"

人们渐渐散去了。

吴起走上前，一把拉住田文，不服气地说："田大人，我想和您比一比，是您的功劳大，还是我的功劳大？"

田文微微一笑，说："唔，可以，可以。"

看到田文平静的态度，吴起更生气了。他怒不可遏地说："您想一想，率领兵士，不怕牺牲，英勇作战，使魏国的敌人闻风丧胆，这些，您与我比，如何？"

田文摇摇头，平心静气地回答："我不如你。"

吴起又问："您想一想，管理百姓，安定民心，使魏国富强起来，这些，您比我如何？"

田文又摇摇头，仍然心平气和地回答："我不如你。"

吴起又问："您再想想，镇守西河，使秦国不敢来犯，韩赵两国都听从魏王，这些，您又比我如何？"

田文一点儿也不生气地回答："我还是不如你。"

吴起挥着胳膊，大声问："既然这些你都不如我，而你倒当上了相国，使人们耻笑我，这该怎么解释呢？"

田文望着气呼呼的吴起，并不计较吴起的无礼，捋了捋胡子，慢条斯理地说："我们大王刚刚就位不久，年纪也轻。大臣们对新王还不肯听从命令，国中的百姓对新王也还不够了解，所以不很信赖。应付这种比较严峻的局面，你也想一想，是你出面当相国好呢？还

是我这个老臣出面好呢?"

吴起听了,想到田文说的情况,的的确确,只有像田文这样的老臣才能稳定局面。他明白了,田文是从国家利益考虑的,而自己却过多地想到了自己的利益。

吴起沉默了好一会儿,有些羞愧地说:"还是您说得对,大王命您为相国比我要合适啊!"

田文诚恳地说:"我不计较个人怎么样,为了国家,希望你我合作。"

吴起连连答应。

从此,两个人互相支持,为魏国的强大携手并进。

# 9. 面斥平原

在战国时期,赵国有一个专管征收赋税的机构,每年向国家上交的很多钱粮,都是按照国家的法律规定,从全国征收起来的。

一天,这个机构里的几个税吏正聚在一起议论。其中的一个人说:"昨天,我去平原君家催征赋税,被管家挡在门外了。他们不交赋,还呵斥我。"一个年长的税吏接过他的话说:"这已经不是第一次了。你们不知道,平原君家的排场可大啦!光管家就有十好几人,这些人倚仗平原君的权势,平时横行不法,一直抗拒缴纳国家的赋税。我已经碰了几次钉子,算了,以后咱们就不去他家征收赋税了。"这时,另一位年轻的税吏站起来说:"平原君身为国家重臣,掌握着赵国的军政大权,竟然带头破坏国家税收制度,以后国家的税收还有保障吗?"那位年长的税吏理了理斑白的鬓发,摇摇头,无可奈何地说:"人家是国王的弟弟,哪能与一般人相比!我们这样的小吏,管得了吗?""不对!既然我们是国家的税吏,对违反税收的行为，就要一管到底！"说这话的还是那个年轻的税吏。他叫赵奢。

几天后，赵奢把平原君家拖欠的税额统计以后，开了一张清单，派人送到他家，催促他们赶快交清所欠的赋税。哪知平原君的管家们根本不把这事放在心上。几个月过去了，毫无反应。

赵奢又派人去找管家，准备与他们说理。结果，管家们一齐拥到税署，大吵大闹，还把那里的家什都砸坏了，连税册也撕了。这下可激怒了赵奢，他从小学过兵法，练过武艺，见这帮家伙竟敢胡作非为，就领着税署里的人，把这些人狠狠教训了一番，还当场抓住了领头闹事的九个家伙。接着，赵奢雷厉风行地把这九个家伙统统处了死刑。

平原君知道这件事后，大发雷霆："一个小小的税吏，竟然如此逞强。快把他抓来见我！"赵奢被五花大绑地带到平原君的府邸里。

"好哇，你敢处死我的管家！你知罪吗？"平原君怒气冲冲地拍着几案，大声喝道。赵奢昂头看了看勃然大怒的平原君和他身后两个持刀的武士，脸上没有一点畏惧之色，冷冷地答道："我执行的是国家法令，惩罚的是破坏国家税收的人，有什么罪？"平原君没有想到赵奢会这样干脆有力地反问他，一下子不知如何回答为好。

赵奢接着又说："你作为赵国的贵族，居然放纵管家横行不法，破坏税收，有罪的正是你，不是我！"几句话，说得平原君面红耳赤，哑口无言。赵奢还不收住话头："假使别人都像你家一样，目无国法，不交纳赋税，那么，国家又靠什么来维持？国家都保不住了，你平原君的地位和财产还能保住吗？你眼下只斤斤计较你一家的私利，忘记了国家，忘记了大局，这样下去，你怎么能把国家治理好呢！"

赵奢这番话，终于使平原君冷静下来。他感到又惭愧又震惊，刚才的怒气已烟消云散。他真诚地接受了赵奢的意见，亲自为他松

了绑，十分抱歉地对赵奢说："你说得有道理。没有你的指点，我差一点成了国家的罪人。今后我一定要严格教育手下的人，坚决遵守国家的法令。"

# 10. 韩信忍辱

韩信幼年时，家里很穷，饿极了，他就四处讨饭。有一次，他两天没有吃饭了，心想，河里有鱼，干脆到河里去摸几条鱼回来煮煮吃。来到河边，他跳进河里。摸鱼，谈何容易！他本来就饿，摸了好一阵，一条也没摸着，又急又气。他回到岸上，一屁股坐在岸边，望着几位正在洗衣服的老奶奶。

有一位老奶奶见韩信疲惫不堪，脸色苍白，问："你是不是病了？"韩信摇头。老奶奶明白了，说："哦，你是饿的。我带的有饭，来，分给你一半吃。"

一连好几天，韩信都到河边上来。老奶奶也每天分饭给他吃。韩信心中十分感激老奶奶，他说："老奶奶，谢谢您给我饭吃。今后，我一定要好好报答您！"老奶奶一听，十分生气地冷笑一声，斥责他说："一个堂堂男子，连自己都养活不起，难道不害臊吗？我是看你可怜，同情你，才分给你饭吃，谁稀罕你的报答。"老奶奶说罢，转过头去，再也不看他一眼。

听了老奶奶的话，韩信心里一震。他又害羞，又感激，说："我懂了，我懂了！"从此，韩信刻苦读书，一边读书，一边找些零活儿干，不再浪费时间。

韩信爱听古人打仗的故事，爱看兵书，决心长大当一名率军征战的将军。他买了一把宝剑，挂在腰上，一有时间，就舞练一番。

有一天，他上街办事，正向前走，迎面走来了一个小伙子。那

小伙子长得膀宽腰圆，一副流氓相。他有心要侮辱佩剑的韩信，就几步跨上前，挡住了韩信的去路，大声喊："喂，站住！"韩信的个子也很魁梧，他突然被拦，忙问："你要干什么？"那无赖说："你个头挺大，看样子力气也不小，还佩着一把剑。"

"这不关你的事。"

"哼，你看——"

那无赖一指自己的头，接着说："你有没有胆量，把我的头砍下来？我看你不敢。哈哈哈，大家看，他是个胆小鬼！"

顿时，这里围了许多人观看。

那无赖又大声喊："如若你没有胆量杀人，那就乖乖地从我的胯下爬过去！"

这时，看热闹的人中有人喊：

"对这无赖不能客气，杀了他！"

"给他一剑，让他知道厉害！"

也有人喊：

"哈，果然他是胆小鬼！"

"还佩剑呢，丢人！"

韩信听着这些喊声，望着这凶煞似的无赖，心中在思考应该怎样做。他可以举剑杀人，他也可以用剑砍断无赖的胳膊，他还可以揍他一顿，他相信自己的力气决不比无赖小。可是，他没有这样做。在众人哄笑中，韩信竟趴在地上，从那无赖的胯下钻了过去。

吓！这可给围观的人提供了嘲笑的材料，他们指着韩信的脊梁骨喊："这小子白长了一身子好筋骨，个子不小，可是豆腐做的！"

"从人家裤裆下爬过去，真没出息！"

"窝囊废！"

韩信并不感到羞愧，他只是淡淡一笑，然后信步离去。

怪吗？不！人们哪里知道，韩信是胸怀大志，不屑与那个没有

教养的年轻人争斗。即使杀了他，或者揍他一顿，又有什么意义呢！

后来韩信参加了项羽的起义军，不久，又转入刘邦部下，成为汉朝的开国元勋之一。汉王朝建立以后，他曾回到过家乡。如果此时报当年胯下之辱，那是易如反掌的。韩信想起当年胯下的事，他命令部下："打听一下，把那无赖找来！"

很快，就找到了当年那个无赖。那个人吓坏了。连忙跪在地上求饶："君侯饶命！都怪我年轻气盛，不学正道，得罪了您。小人该死！小人该死！"大家以为韩信会重重地处罚他，可韩信却说："过去的事就不讲了。你愿意参加我的部队吗？"那年轻人说："当然，只是不敢妄想。"

韩信说："如果愿意，那就任命你当个军官。职务虽然不高，可我相信你愿意为国效力。"后来，那青年当了个小军官，十分认真。

有人问韩信："你是怎样想的？"韩信说："当初，我不是不敢杀他。可是，我杀了他，没有任何意义。他是侮辱了我，可我想，这点小事和我胸中的远大志向比，又算得了什么呢！我不但没觉得受辱，反倒激励我更加努力上进。从这个方面讲，我还应该谢谢他呢！"

# 11. 廉洁自俭

公元前 117 年的一天，阴雨连绵。这一天，人们要为刚刚去世不久的著名将领霍去病举行隆重的葬礼。霍去病的死，使西汉皇帝汉武帝心情万分悲痛，清晨刚过，他便亲临为自己预建的坟墓——茂陵旁边，准备为霍去病赐葬。与此同时，成百上千的身着黑色盔甲的西汉将士，个个怀着悲伤的心情，排着长长的队伍，缓缓地把霍去病的灵柩一直护送到茂陵旁边的墓前。送行的队伍绵延几十里，其悲壮场面是空前的。

人们不禁要问：一位年轻的将领去世，为什么能牵动这样多人的心呢？原来，霍去病在当时不但是一位英名盖世的沙场英雄，而且还是一位品行卓著的清官。霍去病居功不傲，廉洁自爱，在当时赢得了很高的声誉。

霍去病出身十分贫寒，少年时期还曾在贵族家中做过奴仆。他的姨母卫子夫做了汉武帝的皇后之后，霍去病才有机会跻身于贵族行列。后来，霍去病官拜侍中，出入皇宫，接近皇帝的机会越来越多，但是，霍去病从没有因为地位的改变，而丢掉他自小养成的艰苦节俭的本色。他在宫中做官时，从不像一般贵族公子那样花天酒地，寻花问柳，而是每天起早贪黑，练武习文，研读兵法。由于他一心钻在习武读书之中，在宫中常常错过了开饭的时间。每逢这时，他从不在乎，常常是吃点剩饭，再去学习，或边吃饭边读书。武帝见他如此刻苦俭朴，常常在别人面前夸他是"栋梁之材"。

公元前123年，年仅十八岁的霍去病率领八百名骑兵初战匈奴，大获全胜，歼灭了敌人千余人，还活捉了匈奴国王的叔父。消息传到长安，汉武帝万分高兴，破格赐封霍去病为冠军侯。

霍去病立功升官后，没有居功自傲，他总是不忘节俭，处处与兵士同甘共苦。一次，霍去病又率大军奔赴前线。临战前，汉武帝为了表达自己祝霍去病取胜的心愿，派人由长安远道为霍去病送去了两坛上好的美酒。霍去病见到酒后，首先想到的是士兵。他认为：征战沙场的士兵应该最先慰劳，我们做将领的决不能搞什么特殊化。他当即命令：将酒分给全军士兵，让大家共享。可是，酒仅有两坛，全军将士怎么分才合适呢？要是认真分起来，恐怕每人连饮一口也分不到。于是，有人劝霍去病说："这回酒太少，大人就破例自己独享了吧！"可是霍去病依然不肯，他考虑再三，最后终于想出了一个

分酒的好办法。

一天，霍去病把全军将士召集到一个清泉周围，待将士们坐好后，霍去病将两坛美酒倾坛倒入泉水中，然后下令让大家马上汲取泉水，开怀畅饮，以此来分享美酒。清泉旁，将士们手捧杯碗，互敬互赠，一时间欢声雷动，全军上上下下都沉浸在一片热烈气氛之中。人们在分享美酒的同时，又都为霍将军爱兵如子、廉洁自爱的美好品德所感动。

霍去病生活的时代，正是匈奴和西汉两大势力从和亲到大动干戈的转折时期。在这一时期，霍去病等率军对匈奴的讨伐，基本解除了长期以来匈奴对汉朝的威胁，对保障中原地区的安定和发展，立下了不小的功劳。由于霍去病屡战沙场，战功显赫，汉武帝一次次为他晋升官职，最后提升他为大司马。汉武帝见霍去病的住宅很一般，又特意让人在长安为他营造了一所豪华精美的府第，准备送给霍去病。

这一天，汉武帝为霍去病修建的住宅完工了。汉武帝兴致特别好，他命霍去病一同前往参观。

没过半个时辰，武帝和霍去病便来到府第门前。汉武帝抬眼望了望巍峨高耸的门楼，感到很有富丽堂皇的气派，心里有了几分满意。可当他把头转向霍去病时，见霍去病不仅没有流露出半分喜色，相反，眉间仿佛有一缕不悦。武帝暗自认为霍去病可能仍嫌这门面不够气派，于是忙唤人引他们参观一下府第内的建筑。

跨进豪华的大门，出现在霍去病和武帝面前的是金碧辉煌的主楼。负责营造此住宅的大臣告诉武帝：主楼中建有豪华舒适的寝室、宽敞气派的会客间、环境幽雅的书房以及多间厢房；出了主楼，是一片宁静如画的小花园。这花园，虽说面积不算很大，但其中亭台楼榭应有尽有，满园建筑在奇花异草的衬托下，显得格调异常高雅。

汉武帝满以为这下霍去病该喜出望外了，可整个参观过程中，霍去病脸上始终没露出一丝笑意。末了，他神情严肃地对武帝说："陛下，您对我的恩赐，霍去病领了。但是这所豪华的府第为臣却不能要。现在匈奴虽暂时被击退，但他们并未彻底被消灭。在这种情况下，我怎能忘记国家大业，而追求个人的安逸呢！"说完，他一再拜谢汉武帝，希望武帝能理解他。武帝见霍去病态度如此坚决，也只好不再提赐宅的事情了。

# 12．司马著书

　　司马迁（前145—约前86），西汉伟大的史学家和文学家。10岁时，跟随当太史令的父亲司马谈到京都长安，开始诵读古文。20岁开始漫游，几乎走遍全国各地。考查了一些名山大川、历史古迹，访问了一些遗闻旧事，收集了丰富的史料，广泛地接触了当时的社会生活，丰富了文化素养和生活经验。38岁时，继承父业，被任为太史令。尽读史官所藏图书、秘籍、档案及各种史料。42岁时，开始撰写《史记》。47岁时，李陵深入匈奴，因众寡悬殊，后继无援，兵败被俘，投降匈奴。他为李陵辩护，说了几句直言，触怒了汉武帝，被捕入狱。第二年被处宫刑，为了完成自己的著述，他忍受了这奇耻大辱。两年后出狱，被任为本来由宦官充当的中书令，他更加发愤著书，55岁时，终于完成了《史记》这部划时代的巨著。

　　司马迁写《史记》，至今还流传着这样一个故事。

　　有一天，一个朋友前来探望，两人寒暄了几句后，司马迁便又伏案书写，手不停挥。朋友就拿起司马迁写好放在一旁的书稿，读了起来……

　　那位朋友读着《李广列传》，见司马迁在传记里描写李广退敌、脱险、射虎，件件写得神采飞扬，惟妙惟肖，字里行间，充满了敬佩之情。

朋友读完后，说："你那么爱戴李广，为什么还写这个呢？"司马迁停住笔，凑过来一看，原来朋友是指他在文中写了李广官报私仇等缺点，司马迁还没回答，朋友又开口了，他说："这样写将军的缺点，流传后世，岂不有损将军的形象吗？"

"我写的是历史，信，是第一条，怎能以个人爱憎去歪曲历史真相呢？"司马迁反问道。

"啊，原来如此！"朋友明白了。果然，司马迁同情项羽，却也详细地写出了项羽必然失败的命运，司马迁厌恶刘邦，但也写出了他必然成功的条件。朋友点点头，望着正在写作的司马迁，暗暗称赞："他真是一个忠实的人啊！"

# 13. 不忘重托

东汉时，有位贤士叫朱晖，河南南阳人。他幼年时就失去了父母，舅父收养了他。

朱晖在太学读书时，以人品高尚，团结友爱，受到同学们的敬重，特别是他不负朋友之托，恪守信义，照顾朋友家的事更是感人。

朱晖有个同学叫张堪，在一起读书时很敬重朱晖的人品。后来，张堪突然得了不治之症，自知不能治愈。一天，他见到朱晖，便握着朱晖的手，很伤感地说："我得了绝症，恐难久于人世，我死之后，希望你能帮助照顾我的妻子儿女。"朱晖安慰他，要他好好养病。但没有明确表示答应。不久，张堪去世，朱晖为他料理丧事，并亲自去他家看望，见他家生活贫困，便每年派人给他妻子送去谷50斛，布5匹。朱晖的儿子朱颉对他父亲的行为不大理解，便问到："父亲与张堪不过是一般的同学，为什么要这样热心照顾他的家庭呢?"朱晖说:"张堪生前把我当作知己,托我照顾他家,我就应该像知己一样照顾他的家人。"

朱晖还有一个同郡好友叫陈揖,他俩常在一起谈诗论文。后来,陈揖不幸离开人世,留下妻子和没有出世的婴儿,生活很困难。不久,儿子陈友来到了人间,他家的生活更加困难了。朱晖知道后,经常在经济上帮助他们。陈友自幼就聪敏好学,德才兼备,朱晖很喜爱他,决定把他培养成才。

后来,司徒桓虞为南阳太守,听说朱晖人品高尚,学识渊博,便请他来府叙谈,果见朱晖仪态大方,谈吐风雅,桓虞极为敬重。便提出要用朱晖的儿子朱骈为府衙官吏。朱晖想到好友陈揖的儿子陈友品学兼优,家境贫困,生活难以自给,便说道:"小儿才疏学浅,难当重任,本郡书生陈友,家贫好学,德才俱佳,可以任用。"桓虞见朱晖举贤不举亲,深为敬佩。

过了几天,桓虞召见陈友,向他提出了许多问题,陈友应付自如。桓虞见他才思敏捷,政见卓识,非常高兴,便委派为府中重要官吏。陈友勤奋好学,廉洁奉公,办事总是高人一筹,深得桓虞信赖。

从此,朱晖为朋友守信义的佳话也就在南阳传开了。

# 14. 范式守约

东汉永平年间(公元 58—75),一个明朗的秋日,在汝南郡(郡治在今河南平舆县一带)的一个村子里,青年学者张劭正在自家的庭院中来回踱(duó)步,不时侧耳听听院外的动静,好像在等什么人。他嘴里不住地叨念着:"巨卿兄怎么还不到呢?"

他说的这个巨卿,就是山阳郡(郡治在今山东金乡县)人范式。

范式字巨卿，是张劭在太学里的同学，两人多年寒窗相伴，结下了深厚的友情。两年前，他们同日离开京都洛阳回家，分手的时候，两人依依不舍，洒泪而别。那一天正好是九九重阳节，他们约定两年后的今天，范式来汝南郡探望张劭。

光阴飞逝，两年的时间转眼就过去了。越是临近约定的日期，张劭的心情就越是不能平静。他急切地盼望着与好友重新欢聚，以至于坐卧不宁，寝食不安。

张劭的老母见儿子这样，怕他急坏了身子，就劝他道："儿啊，何必如此心焦，朋友之间，总有机会见面的。再说，山阳郡离咱们这里有上千里的路程，又是两年之前随口说的一句话，到现在人家怕是早都忘记了，你也别太认真了。"

张劭认真地答道："娘，您不了解巨卿，要说巨卿这人，那是当今天下数一数二的诚实君子，他做事情，从来没有违反过大义；他说过的话，从来没有不兑现。讲好要来，他是决不会失约的。"

"你这孩子啊，真是实心眼！好吧，我就给你准备酒宴招待客人吧。唉，我只是怕你急坏了身子啊。"

"不会的，巨卿一到，我还会高兴得年轻几岁呢！您就放心地去准备吧。"

重阳节终于到了，张劭一家人早早起来，把酒杀鸡，忙活了半天，备好了一桌丰盛的酒菜。可是，范式还没出现。张劭简直望眼欲穿，他整好衣装，急步走到村头，立在大树下等候。

看看到了正午，正是两年前他们分手的时刻。就见一辆马车从远处飞奔而来，车到大树下停住，下来一个书生打扮的中年人，向张劭疾步跑来，张劭定睛一看，来人正是范式！

两人跑到一起，各施大礼，然后紧紧拥抱。张劭说："大哥果然不远千里，赶来赴约。不过，为何不早到几天，让小弟等的好心焦啊！"

"贤弟，只怪我心里着急，又加上饮食不慎，途中病倒在客栈里。要不是店家好心照看，我几乎要丧命了。"

张劭一看，范式果然是一副病容，身子轻飘飘的，好像还站不稳似的。张劭很有点不过意，说："大哥为了看我，病成这样，小弟真是有罪了。"

范式笑了起来，说道："你我二人还要说这些客套话吗？我要是今番见不到贤弟，那才是会急死呢。快领我去拜见伯母吧。我还带了些薄礼来孝敬她老人家呢。"

范张二人久别重逢，更觉得难分难舍，他们白天一起谈论学问，夜晚在一张床上安眠。一天，范式感慨地说："我们两人就像古时候的俞伯牙和钟子期一样啊，真是生死之交。"

张劭说："我们虽不是同年同月同日生，但是将来谁要是先走一步，另一个一定要在他身边为他送葬。"

"那当然是我这做兄长的先死，你可要为我送葬呀。"范式说。

"要是我先走一步了呢？"张劭开玩笑说。

"那不管我在何处，一定会驾着白马素车，身披白练，赶来为你送葬的，你可要等我呀。"

说完，两人都大笑起来。

几天之后，范式辞别张劭一家，回山阳郡去了。这边张劭继续读书种地，奉养老母。不料，没过一年，张劭忽然得了个暴病，不到几天，张劭就已经奄奄一息了。

临终之际，张劭的同乡老友郅君章、殷子征来看望他。他们拉着张劭的手，流泪说道："元伯（张劭字元伯），你放心去吧，还有什么心事就请对我们讲吧。"

张劭叹了口气说："我死而无怨，只是等不及我那生死之交的好友来给我送葬了。"

郅、殷二人奇怪地问："难道我们还不能算是你的生死之交吗？"

"你们对我友情深重，但你们只是我活着时的朋友，而山阳范巨卿却无论我是死是活，都是我的好友啊！"顿了一下，张劭又说："有件事情，想托你们办一下。请你们务必派人去山阳郡通知范巨卿，请他尽快赶来，不然，我就等不及了。"

郅、殷二人答应了他的请求，派人骑快马到山阳郡报信去了。

再说范式回到山阳郡后，当地的郡守听说了他的名声，就请他做了郡府的功曹（官名），掌管全郡的礼仪，文教事情。官虽不大，公务却很繁杂。范式尽心职守，把事情办得井井有条，郡守对他十分赏识，有心要再提拔他。

这一天，范式在梦中忽然见到了张劭，只见张劭头戴黑色王冠，长长的帽带一直垂到脚下，脚上穿的是一双木鞋，好像一位古代的君王。再看张劭脸上一副焦急的样子，好像在呼喊自己，可就是喊不出声音。范式从梦中惊醒，浑身冷汗。他想，难道贤弟已经作古了吗？这个梦实在不吉利。不行，我要去汝南看看贤弟。

第二天，范式辞别了郡守，郡守再三挽留不住，心中十分惋惜。因为，范式这一走，不但提升职务的事吹了，而且连功曹的官职也要丢掉。范式哪里顾得了这许多，他借了匹快马，日夜兼程地向汝南郡赶去。途中正遇上张劭派来向他报信的人。他一听这消息，当时就口吐鲜血晕了过去。醒来之后，范式买了白马素车和奔丧用的物品，亲自驾车飞奔而来。

一路上，人们都看见这辆飞奔的丧车。白色的马，白色的车，车上的人穿着麻衣，身披白练，不断抽打着马儿飞跑。

可是，就在范式赶到的头几天，张劭已经去世了。老母亲记着儿子的嘱咐，一连等了范式三天，后来实在不能再等，只好把丧事办了。到出殡的这天，当地仰慕张劭名声的人都赶来了，送殡的队伍少说也有上千人。说来也怪，那辆载着张劭灵柩的马车走到村口大树下时，车轮突然陷进一个土坑，任凭众人死命往外拉，车也是

纹丝不动。张劭的母亲哭倒在灵车上说："儿啊，娘知道你的心愿，可是，山阳郡离这里千里之遥，巨卿实在是赶不到啊！"

正在这里，远处一辆白色马车飞奔而来，张母回首一望，说道："这一定是山阳郡范巨卿来了。"

果然，这正是范式的白马素车。车到近前，范式跳下车来，扑到张劭的灵柩上痛哭起来，边哭边说道："贤弟，哥哥来迟一步，让你等急了啊！"

过了一会，范式止住哭声，说道："贤弟，你该去安息了。哥哥送你下葬。"

说着他招呼众人扶住车辕，大家使劲一推。真是怪了，这回灵车一下子就出了土坑，又向墓地移动了。

众人见此场面，又感动又吃惊，都赞叹范张二人真是生死之交，诚信君子，说是由于他们二人的信义感动了上天，才出现了这样的怪事。

后来，范式安葬了张劭，为他守墓三年，才独自离去。


# 15.  杨门忠廉


杨震，东汉后期，陕西华阴人，是当时著名的儒学家。他一生忧国忧民，清廉正直，敦行品德，为他的后代树立榜样，逐渐形成忠正廉洁、刚正不阿、坚贞守节的家风，并为他的五代子孙相继承。

杨震少年时候，家贫而与母亲独居，靠租借别人家的地养活母亲，乡里人称赞他孝顺。他在敦行品德的同时，还特别注意笃学儒家学说，被人称为"关西孔子"。所以后来成为远近有名的贤良才子。他还善于清廉独处，几经朝廷邀请才出仕做官。先后任过东来

和涿郡太守、太尉。任职后，也不忘品德修养，秉公办事、不徇私利。

一次，他的学生王密，拿了十斤黄金深夜来访，谢他栽培之恩。他说："我是看你有才，才荐你做官，你怎么不了解我呢?"王密说："夜里无人知晓，收下吧!"他说："天知、地知、我知，你也知，怎么能说无人知晓呢? 做官一任，造福一方，为民当官，以廉为本，如以为人不知晓而受贿，岂不是伤天害理，欺世盗名!"说得王密十分惭愧，持金而退。

非但如此，杨震还要把清正廉洁家风传给后代。一些亲朋故友见他公而忘私，就劝他为儿孙打算，置办些家产留给儿孙。他说："让后代成为清官后代，不也是一份很贵重的遗产吗?"

东汉末年，宦官当道，外戚专权，统治黑暗腐败。杨震因揭露樊丰、周广等人假传皇令，耗费巨资，竞修宅第，受到陷害，太尉印绶被收、罢免官职，朝野都被震动。他满怀悲愤慷慨回到故里，对儿孙家人说："死，是做官的本分……怕只怕那些狡猾的奸臣不能杀掉，恨只恨那些作乱的妃后不能禁止，我有什么面目重新见到日月! 我死之后，用杂木做棺，用单被盖上即可，不要设置祭祠。"说完饮鸩而死，以此正气守节教育他的儿子们。

杨震生有五个儿子，都受到家庭熏陶，其中杨秉尤为出类拔萃。杨秉字叔节，少年时秉承父业，博通书传，在家乡教书。直到四十多岁被举荐，拜侍御史，后相继任为豫州、荆州、徐州刺史，终拜太守。他不仅继承了父亲的学问、气节，还继承了父亲清廉刚直品格。身为刺史，"计日受禄"，余下俸禄一文不取。杨秉任官执法如同父亲，秉直刚正，疾恶如仇。一次，他检举揭发地方贪官昏官五十人，上报朝廷，严肃处理，"天下莫不肃然"，全国为之震动。他一生与宦官斗争，有智有谋。晚年他总结说："我有三个方面不能被诱惑：酒、色、财。"无欲则刚，所以他能大智大勇、大公无私。杨

秉不但承继了好家风，且有发展。

杨秉的儿子杨赐，也继承正直清廉家风，因"少传家学，笃志博闻"，被推荐为皇帝刘宏的讲学老师，后来拜为太尉，经常为国直言上书。熹平七年，他上书抨击朝政，用人不论德才，善恶同流。皇帝刘宏不以为然。光和元年，终因向皇帝刘宏面谏：改弦更张，罢斥奸邪的官吏，而触怒宦官曹节。杨赐因对皇帝有"师傅之恩"，才免于死罪。中平二年杨赐病逝，皇帝刘宏在策书中赞扬他为士林楷模。

杨门第四代杨彪为杨赐的儿子，也少传家学，举为孝廉，终生不畏强暴。最初因通晓典章制度，被朝廷征为议郎，与父杨赐同时为官。宦官王甫使门生独占官府财物价值七十万，杨彪发现之后立即揭发，灵帝准奏后，王甫的养子王萌、王吉、太尉段颎同被处死。这件为民除害的事，大快天下，杨彪本人名声也大震。后因阻止奸臣董卓乱权，被董卓罢官。献帝当皇帝后，即任太尉。为了有利于国家统一，他一直"尽节卫主"，几经被害。到建安元年之后，曹操"挟天子以令诸侯"，专权跋扈，只因杨彪声望影响很大免于一死。告病在家。后曹丕还建立魏国自立皇帝，要杨彪出任太尉，杨彪固辞不受，表现他对汉王朝的忠诚。杨彪的儿子杨修"好学，有俊才"。曹操嫉恨他的才能，借故把他杀了，解了自己杀不了杨彪之恨。杨修虽没有像他的前辈铸成那样彪炳的品德，但也表现了他的为人耿直，也为人们所崇敬。

《汉书·杨震列传》载文说："自震至彪、四世太尉、德业相继"，"能守家风，为世所贵"。这个家风，就是忧国忧民，刚正廉洁，公而忘私，忠诚守信，持节不渝，代代相传的品质。

# 16. 宋弘忠诚

宋弘，字仲子，东汉长安（今西安西北）人。汉光武帝时，他被提拔为负责监察、执法的中央高级长官。宋弘为官清正，尤其以诚实守信著称于世。

有一次，宋弘和沛国（今安徽濉溪县西北）人桓谭交谈，见桓谭精通五经而不拘泥，批评俗儒而不乏真知灼见，很是敬佩，便推荐他当参政议政的议郎。在桓谭前去上任时，宋弘语重心长地嘱咐桓谭说："你可要知道，我举荐你，是想让你以正直之道辅佐君主，做惊天动地的大事，而不是叫你去做那些只博得君主欢心的小事。可千万不要忘记啊！"桓谭点头答应，并重复了宋弘的嘱咐。

光武帝听说桓谭擅长鼓琴，就让他弹琴，一而再，再而三。宋弘听说后，非常生气，派人把桓谭叫来。桓谭进屋，宋弘不给他让座，责备他说："守信是人的重要美德。你曾亲口答应我，要以正直之道辅佐君主，做惊天动地的大事。可你竟然为讨好君主天天弹琴，耽误时光，空耗才华。你说是你自己改过，还是让我根据法律检举处罚你呢？"桓谭认错说："虽是圣上让我弹琴，但非故意，是因为不敢向圣上奏明自己的职责，才造成失信的！"宋弘便让他走了。

后来，光武帝大会群臣，叫桓谭弹琴。桓谭立时想起宋弘的话来，禁不住失去了常态。光武帝觉得奇怪，便问是怎么回事。宋弘离开座位，摘掉官帽说："我向圣上推荐桓谭时，已经奏明了目的，就是希望他能以正直之道辅佐君主；而他呢，却叫您喜爱上了凡俗的音乐。他没有执行辅佐诺言，您没有履行用人的诺言。失信之过根源在我！我理应受到削职惩罚！"光武帝听了恍然大悟，由奇怪变为惭愧，由生气变为高兴，立时向宋弘表示了歉意，说："爱卿差

矣，失信之过在我一人身上，与你们无关。"这件事使桓谭很受教育，后来他坚决反对荒谬虚伪的谶纬神学，几次差点被杀，都坚持不悔。

宋弘不仅严格要求别人，而且对自己更苛刻。他总是时刻约束自己言行一致。有一次，光武帝关心姐姐湖阳公主的婚事，细微地观察到她对宋弘有意。他就先让湖阳公主坐在屏风后面，召见了宋弘，试探道："俗话说'地位高了换朋友，钱财多了换妻子'，这是合乎人情的吧！"宋弘说："不过我听说的是'贫穷时候的朋友不能忘，一块度过贫苦生活的妻子决不能休弃'。"光武帝回过头来，对着屏风说："事情不成喽！"

了解宋弘的人都说："宋弘确实是一个诚实守信的人啊！"

# 17. 黄香温席

黄香是东汉江夏安陆人，字文疆。

少年时代的黄香博学经典，善写文章。当时京城文人学士称"天下无双，江夏黄香"，可见黄香当时已才名大震。

黄香最难能可贵之处还不是他的才气，而是九岁的时候，就懂得孝敬父母、侍奉老人。

冬夜，天气寒冷，室内温度也很低。黄香在父母的教导下，夜读经书。

夜深了，父亲、母亲催促黄香安歇。

黄香收了书籍，竟先钻到父母的床上，躺在被子里睡了片刻，再跑回自己的床上睡觉。

母亲问他："香儿，你在折腾什么？"

黄香说："我是为父母亲温暖席子啊，这样二老睡上去才不至于太冷！"

母亲听了，心疼地叹了口气："我家香儿真懂事！"

夏天夜里很热，黄香的父母都在院子里纳凉。月上东窗，父亲和母亲正要安歇，却发现黄香不在身边。母亲忍不住喊起来："香儿，你在哪里？"

"母亲，我在房中！"卧室中传来黄香的声音。

父亲和母亲很奇怪，掌着灯来到屋里，见黄香手执一把蒲扇，站在帷帐前，正在一下一下地向帷帐扇扇子。

父亲问黄香："我儿这是干什么？"

黄香说："我用扇子扇一扇，使帷帐内蚊虫远避，枕席清凉，好使二老安歇！"

母亲忍不住把黄香拢到身边说："苦了我的香儿了。"用手一摸，黄香的脑门儿竟沁出了汗珠。

黄香却说："这是我该做的！百行之首，以孝为先。"

后来，黄香长大了，朝廷觉得他是个人才，汉安帝时，让他担任魏郡太守。

有一年，魏郡遭受特大水灾，百姓饥寒交迫，苦不堪言。黄香拿出自己的俸禄，赈济受灾的贫民，受赈百姓无不感激涕零。

# 18. 壮心不已


曹操，这位在我国历史上叱咤风云的英雄，几乎妇幼皆知。

他一生征战，成为当时鼎立三国中力量最强大的一股势力。他不仅统一了北方，还实行了许多有利于社会进步和发展生产的政策。

在他平定、统一了我国北方大部分割据势力之后，已经是老年人了。人们把老年比成秋风落叶，比成晚霞夕阳，比成将要干涸的河流……老了老了，于是意志消退，唯恐死神逼近，就颐养天年，斗志顿失。可是，曹操不愧为豪杰，有壮志，有修养，人虽步入老年，可意志不减当年。当然，暮年将至，这是客观规律。不面对现实，采取回避态度，那也是不对的。

曹操喜欢读诗，也喜欢作诗，用诗来抒发自己的胸怀。

有一次，他举行了有许多人参加的宴会。出席宴会的有文武大臣，也有从远方来的贵客。来宾与文武官员互相敬酒，恭贺曹丞相功勋卓著。曹操吩咐："歌舞开始。"那优美的舞曲，那优美的舞姿，使人感到一种欣慰，感到一种平和的氛围……

曹操望着欢乐的人们，想起自己大半生奔波，想起自己的年龄，想起了全国还没有平定，战乱四起，自己前边的路还很长，更需要许多人才来协助自己完成平定天下的宏愿。他陷入了无限的感慨。

饮了几杯酒之后，他诗兴大发。于是，他吟诵起来：

> 对酒当歌，人生几何？
>
> 譬如朝露，去日苦多！

曹操的诗说的是：心情愉快地喝着酒，唱着歌，心中感叹人生岁月短暂！犹如早晨的露水，岁月很快就消失了许多。

客人与文武官员都安静地听着。听罢以上四句，都喊："好！好极了！"

了解曹操的文武大臣窃窃议道："曹丞相是在为天下安定忧虑啊！"

停了一会儿，曹操接着吟唱：

> 山不厌高，海不厌深。
>
> 周公吐哺，天下归心！

这四句诗的意思是：大山不会嫌自己太高，大海也不会嫌自己太深，我当然不会嫌自己的朋友和文武人才太多。当年周公虚心接待来宾，一顿饭竟三次停下来，吐出嘴中的饭食，结果人才都集中

在他那里了。我应该向周公学习啊！

后来，曹操率兵征战，到了辽东半岛，打败了敌人，取得大胜利。战争的胜利，使曹操心情十分高兴。

他兴致盎然地来到渤海边上。啊！展现在曹操面前的是一望无际的大海，那白色的浪涛，那起伏的海水，那轰鸣的涛声，使他心情无比激动。

多么壮丽的大海！五十多岁的曹操，站在大海边上，心潮澎湃。他想起了这些年的征战，虽然取得了成效，可离统一中国的目标还十分遥远。人老了，可志向不能变，斗志不可减！

他心中酝酿着抒发壮志的诗篇：

老骥伏枥，志在千里。

烈士暮年，壮心不已。

老骥就是老马。枥，是马槽。意思是：一匹老马待在马棚里，可它还想着要奔跑千里。一个志向远大的人到了老年，他的雄心壮志可没有消失啊！

曹操的诗不仅勉励了自己，也鼓励了他的众多的朋友与部下，还有无数读这诗的读者。

# 19. 割发代首

三国时期的一天，魏王曹操从军营归来，一路上看到农民逃难，田地荒芜，皱起眉头，闷闷不乐。他想，是呀！连年战乱，农民住不安，衣不暖，食不果腹，他们只有外出逃荒。"这样下去，怎么得了！"他自言自语说了一句。回到大营，他默默地坐下，在思考着今后的出路。

侍卫来报："丞相，谋士枣祗求见。"曹操不耐烦地说："告诉他，今日我稍有不适，隔日再来吧！"侍卫出去一会儿，又进来禀报："丞相，枣祗仍要求见。"曹操生气了，说："我不是已经说过了，我不舒服，隔日再来见吗？"侍卫说："我说了，可他要见。"曹操又问："为什么？"侍卫说："他说，他知道丞相不舒服，他就是为丞相不舒服来的。"曹操一惊，说："唔？为了我不舒服？他怎么事先知道我不舒服？"

曹操是十分爱才的。他听出枣祗话中有话，想了想，又说："好吧，请他进来。"侍卫出去传话。枣祗瘦瘦的身材，长脸，双目炯炯有神。他走进大营，施礼说："枣祗拜见丞相。"曹操还礼，说："请坐。"

枣祗坐下，望着曹操，说："丞相今日不适，是心中有事吧？"曹操不喜欢别人摸透他的心思。他脸上掠过一丝不快，问："我没有什么不愉快的事，只是觉得有些劳累罢了。"枣祗微笑，点点头，说："我知道，丞相为今后的粮食发愁。连年战乱，百姓逃难，耕地荒芜，粮食欠收，农民饥饿，将士无食，这样，国不安宁，仗也无法打下去了。"曹操见枣祗说的，正是自己想的，心中有几分佩服。但是他仍不动声色。他转头望望窗外，停了一会儿，说："你说得不错，确是如此。那么，你说怎么办好呢？"

枣祗向前探探身子，说："我以为，有一个办法可以解决。"曹操急忙问："什么办法？"枣祗稍稍提高点嗓门，说："让士兵在闲暇时去种田，并发布命令，人人都要爱护庄稼，就可以有粮食了。"曹操听后点点头，说："嗯，很好，很好，是个好办法。"

曹操采纳了枣祗的建议，让没有打仗任务的士兵们种田耕地。这就是有名的"屯田"。果然，不久以后，荒芜的田地里长起了庄稼。长得最好的是那些麦田。

曹操看到快要成熟的麦子，心中十分高兴。他再次下令："严禁毁坏麦田，违者杀头！"过了一些日子，曹操要率兵去打仗了。出发

前，他警告众将士说："我已经三令五申，不要踩坏麦田。请所有将士注意。若有违反，杀头不赦！"

大队人马出发了。将士们走在田间路上，都十分小心。曹操骑在马上，在前边走着。突然，一群小鸟从麦田里飞起来。曹操骑的战马受了惊，猛地跳起来，然后向前冲去。那马在麦田里跑着，踩坏了一大片麦子。

曹操急坏了，费了好大劲，在侍卫们的帮助下，才勒住了惊马。曹操从马上跳下来，望着被踩坏的麦田，十分惭愧地说："唔，都怪我！都怪我！"说着，去扶那些踩倒的麦子。但，怎么都扶不起来。他对军法官说："我违犯了军令，请按军法治罪！"

军法官望望麦田，又望望曹操，为难地说："丞相，您是全军的主帅，怎么能治您的罪呢？"

曹操大声说："不许践踏麦田，是我定的军纪。我自己都不能遵守，那还怎能让大家信服呢！"说着，他拔出了宝剑，"我身为主帅，不能自杀，就把我的头发割下来代替砍头吧！"说罢，他用剑割下了自己的头发，递给军法官，让军法官拿着去示众。

将士们对曹操严格要求自己都十分佩服，说："曹丞相不是故意践踏麦田。战马受惊是意外事故，尚且如此，我们今后千万不要违犯军纪啊！"

# 20. 华歆救人

华歆（xīn）、王朗同是三国时代的人。一次战乱中，他们两人被追兵撵到了长江边。慌乱中，他们找到了一条船。正要开船，岸上又跑来了一个人呼喊求救，也要搭乘这条船逃往对岸。华歆看到这个情景，为难起来，在一边沉默不语。旁人见他犹豫不决，也不好开口。

这时追兵越来越近。王朗着急了，忙对华歆说："就让他搭船吧，正好船上还有地方，为啥不帮他一把呢？"就这样，那人也与华歆、王朗同乘一条船往对岸逃跑。

船行到江中心，追兵已经赶到岸边。他们看见华歆、王朗的船，便纷纷下水泅渡追赶。泅水的士兵离行船越来越近。划船的艄公累得筋疲力尽，船的速度越来越慢了。王朗见此情景，开始着慌了，便打算赶一同逃难的那人下船。华歆连忙阻止王朗说："我当初所以迟疑，不答应，正是怕出现这样的情况。我们既然已经答应人家同船逃难，怎么能中途丢弃人家呢？"王朗被说得无言以对，只好照华歆的话办。

追兵泅到江心渐渐累了，泅水速度便慢了下来，与华歆他们的船距离又逐渐拉大了。就这样，行船胜利地划到对岸，华歆、王朗及那人摆脱了追兵，那个人也顺利地逃出了虎口。这件事传开后，人们都赞扬华歆办事讲信用，说话算话，在任何情况下也不变卦。

# 21. 不肯折腰

陶渊明，又叫陶潜，是晋代大诗人。

陶渊明曾经做过江西彭泽县的县令，所以，后人又叫他"陶令"、"陶彭泽"。

他在彭泽做县令时，有一天早晨，他刚起床，就有一位官府差役骑马跑来。差役大声呼喊："陶大人在吗？"陶渊明连忙走出室外，一看，原来是郡（县的上级）里来的差役。他问："是送公文？"差役点点头，说："郡里让送给大人的。"

陶渊明接过公文，看了起来。原来郡里要派一个要员到彭泽来检查公务，要陶渊明做好准备。陶渊明和他的助手都明白，所谓做好准备，就是要准备好礼品，准备好饭食。

陶渊明哼了一声，将信扔在桌子上，说："岂有此理！几天前刚查过，怎么又来了！上回买礼品的钱还没有着落呢，这回去哪找钱？难道都摊到老百姓的头上？"他的助手同情地望望那信，点点头，说："唉，真没有办法。官大压死人嘛！"说罢，他取过公文看了看，又劝陶渊明，说："大人，您还是三思为好。"陶渊明生气地问："怎么样？"那助手轻声说："您想想，如果我们不请客，不送礼，不伺候好上边来的官，我们可就要倒霉了。""你是说我们应该低三下四？""唉，也是迫不得已呀！"

陶渊明发怒了。他双手握拳，猛地砸在桌子上放着的那封信，大声说："不！我决不为当个小小县令，混口饭吃，而向那些作威作福的老爷们低头弯腰！"说罢，脱下官服，摘下官帽，交出官印，坐下来写了辞职书。他宁可去当一个普普通通的农民。他宁可丢弃那每月的薪俸。他毅然决然地返回老家柴桑去了。那里有散发着泥土香的田园，那里有勤劳朴实的乡亲，那里有他创作诗歌的灵感……

# 22. 博采众长

王羲之（321～379，一作303～361，又作307～365），东晋书法家。字逸少，琅琊临沂（今属山东）人。出身贵族。官至右军将军、会稽内史，人称王右军。因与王述不和辞官，定居会稽山（今浙江绍兴）。精工书法，早年从卫夫人（铄）学，后改变初学，草书学张芝，正书学钟繇，并博采众长，精研体势，推陈出新，一变汉、魏以来质朴的书风，妍美流便的新体。其书备精诸体，尤擅正行，字势雄强的变化，为历代学书者所崇尚，影响极大。书迹刻体甚多，散见宋以来所刻丛帖中。行书保存在唐僧怀仁集收《圣教序》内最多。草书有《十七帖》等。真迹无存，唯有唐人双钩廓填的行书《姨母》、《奉橘》、《丧乱》、《孔侍中》及草书《初月》等帖。

公元353年农历三月初八，这一天春暖花开，阳光明媚，一切都是那么美好。王羲之和他的朋友谢安等人说说笑笑地来到了会稽山的兰亭，他们一起吟诗作对，举杯畅饮，欣赏着美丽的景色。干了几杯之后，王羲之已经有些醉了，这时他的朋友谢安对他说："今天景色怡人，大家玩得这么高兴，你可要写一篇字来助助兴?"王羲之正有此意。他拿起笔，兴致勃勃地挥毫疾书，为诗集写了一篇序，这就是著名的《兰亭集序》。《兰亭集序》共28行，324字，全文用行书写成，成为历代书法家认可的行书的绝代佳品。王羲之也被称为"书圣"。

王羲之的书法艺术吸取了汉魏以来许多书法家的精华，摆脱了前人的束缚，开辟了一种新的意境。人们常用"飘若浮云，矫若惊龙"来形容他的字。

王羲之的书法能达到如此高的水平和他从小勤学苦练、刻苦钻研是分不开的。据说他7岁的时候就非常喜爱写字，平时在他走路的时候心里都在想着字体的结构、笔势如何下笔收笔。想着想着，手指就不自觉地在衣服上比划着，天长日久，连衣服都被划破了。这个传说虽然有些夸张，但却形象说明了王羲之刻苦学习的精神。

王羲之出名以后，很多人都想得到他的字。相传，在山阳地方有一个道士，很想求王羲之给他写一本"黄庭经"。他早就准备好了笔墨纸砚，只是担心王羲之不会答应。后来，他听说王羲之平常最喜欢鹅，就特地养了一群十分逗人喜爱的白鹅，以便见机而动。终

于有一天，王羲之坐着船路过那里，当他看到河里一群美丽的白鹅在游动，心里说不出的喜爱。他停下船，看了又看，一直也不舍得走开。于是他找到道士，要求道士把鹅卖给他。道士说："这么好的鹅我是不想卖的。不过你要是能给我写一本经书，我就把这些鹅送给你。"王羲之一听，马上答应了，当即兴致勃勃地用了半天时间写了一卷楷书"黄庭经"交给道士。道士把那一群鹅装在了笼子里，让王羲之随船带走了。这个故事就是人们后来传颂的"书法换白鹅"。

现在王羲之的真迹已经很难见了，故宫博物院至今珍藏着冯承素描摹的《兰亭集序》，北京北海公园的阅古楼也只保存着一些王羲之真迹的石刻板。但是王羲之的书法艺术魅力却永远留传。

# 23. 师承百家

王献之，字子敬，是王羲之的第七子。东晋书法家，他继承家法，并有所创新，与其父并称"二王"。

王献之小时候聪慧过人，言行举止都像大人，他性格高傲豪迈，狂放不羁。有一次他和哥哥王徽之、王操之一起去拜访谢安。两位兄长见了谢安大多谈一些庸俗家常的事，王献之除了见面寒暄，并不插话。他们走后，在座的客人问谢安，王氏兄弟哪个最好？谢安说，年纪小的好。客人问原因，谢安说："贤人寡言少语，因为他说话少，所以知道他好。"

王献之曾经和王徽之同住一间屋子。一日晚，屋内忽然起火，王徽之连鞋子也顾不得穿，就慌忙逃出。王献之却神色坦然，不慌不忙地唤来仆人，扶他出去。

谢安非常赏识王献之，聘请他为长史，进而又封为"卫将军"。

谢安曾经问王献之："您的书法与令尊相比怎么样？"王献之回答："本来就不相同。"谢安说："外面的议论不是这样。"王献之回答："别人哪里知道。"表现了他豪迈不羁的个性。

王献之七八岁时就跟着父亲学习书法。有一次，王羲之偷偷地从背后夺他的毛笔，没有夺下来，感慨地说："这孩子日后会有很大名声的。"王羲之从他执笔牢固，知道他练字确实是专心致志，一意于书，这对一个儿童来说是难能可贵的。

王献之虽然跟着父亲学习，师承家法，但他却并不以此为满足，而是追流溯源，直接学习钟繇、张芝的书法，因为王羲之本人也是从钟繇、张芝的书法中吸取营养的。

正因为王献之能够突破家法的规矩，追流溯源，所以才能对王羲之的书法既有继承，又有变化发展。这是王羲之的几个儿子都善书法，而王献之的书法成就最高、最有影响的原因之一。不仅如此，他还学习秦篆笔法，这是他的高妙之处。

王献之的楷书字画秀媚，用笔劲利瘦硬，笔势外拓，神态萧疏，毫无俗气。可以说，楷书发展到王献之时代，已经变得比较纯正。

王献之的行书和草书，初学家父，后法张芝。他不仅兼容了二家之长，而且凭着自己的才能见识，于行书、草书之外别创一体。这种书体既像草书那样流便简易，又像行书那样转折顿挫，即今天所谓的行草书。东晋之时，行书和草书一般都是章草体，王献之新书体的创制，在当时确实是大胆之举，许多人对此都难以接受。比如非常欣赏王献之的谢安，对他的行草书就十分厌恶。但是王献之的变革经受了时代的检验，逐渐为人们所看重。它符合审美情趣，又具有很高的实用价值，故影响越来越大。

王献之的书法深受父亲王羲之的影响，到后来，王献之的艺术创作逐渐成熟，并最终形成了自己与众不同的艺术风格。由晋末到梁代的一个半世纪中，王献之的影响一度超过了父亲。

王羲之的楷书融入他的平生所博览的秦汉篆隶的不同笔法，因此显得古质瘦劲。相比之下，王献之的书法用笔妍润圆腴，颇多世俗之风。

在草书上，王羲之虽称今草，但大多字字独立，没有完全摆脱章草的笔法体势。而王献之将今草连绵不断的气势与流美便易的行书结合起来，创造出一种比较流便的行草体，从而适应了社会发展的要求，最终完成了从章草到今草的变化。王献之的这种行云流水般的"一笔书"，直接开启了唐代狂草艺术的先河。

王献之在楷书、今草和行草书的发展过程中起了重要的作用，得到后世的公认，因此与其父并称"二王"，其书法合称"王体"。

# 24. 以形写神

顾恺之，生于约公元345年，卒于公元406年，是中国东晋杰出的画家。顾恺之字长康，晋陵无锡（今属江苏省）人，出身高门士族，曾任桓温、殷仲堪参军、散骑常侍。他多才艺，工诗赋，尤精绘画。擅长画肖像、历史人物、道释、禽兽、山水等。顾恺之青年时期在建康（今江苏省南京市）瓦官寺作《维摩诘》壁画，轰动一时。作裴楷像，颊上添三毫，更觉神采奕奕。画谢鲲像以岩壑作为背景，借以表现其志趣风度。他曾画过《桓温像》、《桓玄像》、《谢安像》、《晋帝相列像》、《荣启期》、《七贤》、《桂阳王美人图》、《列女仙》、《列仙画》、《三天女图》、《庐山会图》、《凫雁水鸟图》、《笋图》、《山水》等。

顾恺之的人物画，不满足于外表形似，强调传神，注重点睛，要求表现人物性格特征和内在深度。在我国绘画史上首次提出"以形写神"的绘画理论。这些论点实为谢赫六法论的先驱，对后来的中国画创作和绘画美学思想的发展，有很大的影响。顾恺之的笔迹紧劲连绵，如春蚕吐丝、春云浮空、流水行云、皆出自然，乍看似乎平常，实则于刚健于婀娜之中，将遒劲藏于婉媚之内，通称为高古游丝描。他着色则以浓色微加点缀，不求藻饰，格调淡雅、俊逸。他善于用睿智的眼光来审察题材和人物性格，加以提炼，因而他的画具有一定的思想深度，耐人寻味。

顾恺之是继东汉张衡、蔡邕等以来所有士大夫画家中成就最突出的画家。与他同时代的谢安对他的评价极高，认为"顾长康画，有苍生来所无"。顾恺之总结了汉魏以来民间绘画和士大夫画的经验，把传统绘画向前推进了一大步。顾恺之作品真迹没有保存下来。相传为顾恺之作品的摹本有《女史箴图》、《洛神赋图》、《列女仁智图》等。《女史箴图》，绢本，淡设色，内容系据西晋张华《女史箴》一文而作，原分12段，每段题有箴文，现存九段，自"玄熊攀槛"开始，到"女史司箴敢告庶姬"结束，是了解顾恺之绘画风格比较可靠的实物依据。多数人认为现存的是唐代摹本。《洛神赋图》，绢本，今存宋摹本5种，内容根据三国时曹植《洛神赋》一文而作。此画卷以丰富的山水景物作为背景，展现出人物的各种情节，人物刻画意态生动。构思布局尤为奇特，洛神和曹植在一个完整的画面里多次出现，组成有首有尾的情节发展进程，画面和谐统一，丝毫看不出连环画式的分段描写的迹象。顾恺之的画论现存仅三篇，即《魏晋胜流画赞》、《论画》、《画云台山记》。

# 25. 陈寿写传

陈寿是中国晋代一位杰出的史学家。

一天，他在书房里写《三国志》。刚写下"诸葛亮传"几个字时，表叔来看他了。在和表叔的谈话中，陈寿知道了一段史实：陈寿的父亲原是诸葛亮部下的一名将领。有一次因处事不当，受到诸葛亮的处罚，并且以军法处理。陈寿父亲受处分以后，精神受到打击，从此萎靡不振，郁郁寡欢，身体越来越坏，最后忧郁而死。听完这段史实，陈寿说："诸葛亮纪律严明。父亲有错，改正就是，怎么想不通呢？"

"你还为诸葛亮辩护，真是不孝之子。你自己又怎样呢？虽有才学，但几次考试都受到宦官的阻拦、迫害，想必你也记得吧！"

说到自己，陈寿有直接感受，可是，这跟写诸葛亮传毫无关系。陈寿说："咱们家的事与诸葛亮的为人怎么能混在一起呢？"

"为什么不能混在一起？"表叔生气地说："如果我表兄在世，他不会让你写诸葛亮传的。"当表叔有些消气时，陈寿说："表叔，你说说，诸葛亮这个人，对汉朝忠心耿耿，一心扶助汉主。他严于律己，失街亭斩马谡后，自己要求降三级。他足智多谋，就拿空城计来说，没有一定的胆量是不行的。他的一生，百战百胜，是个了不起的人物……"

表叔听了陈寿的话后，觉得也有道理，但他不承认。只说："你好好想想，我还有事。"就推托走了。表叔走后，陈寿反复思考了他的话，理清了写作思路。

第二天，陈寿的同窗好友来了。陈寿把自己想写诸葛亮的心情，以及表叔的话，详细地告诉了他。想听听朋友的看法，朋友含蓄地说："你是一个历史学家，是在写历史，而不是写家史。汉朝司马迁写《史记》时，他尊重史实，公正地评判历史事件和人物，不夸张，也不抹杀。所以，人们把史记看成是一部光辉的历史名著。"

朋友的一席话，打开了陈寿的心扉，陈寿想：我是一位史学家，要做到诚实无私，像司马迁那样，敢于坚持真理，实事求是，而不能感情用事……思想通了，陈寿拿起笔，一气呵成，写完了"诸葛

亮传"。后人说："诸葛亮传"在《三国志》中，是一篇最好的文章。

# 26. 高允揽责

北魏时的高允（390—487）奉命与崔浩一起修纂《国记》。在修纂中，他们继承了中国史学的优秀传统，"直书国恶，不为尊者讳"。魏太武帝得知此事，十分恼火，以"暴扬国恶"为罪名，要将他们二人处以极刑。

高允是太子的老师，太子得知此事，决心为自己的老师高允开脱罪责，太子要高允同他一起去晋见太武帝。事前，他再三叮嘱高允，一定要按他的意思回答皇帝的问话。太子在皇帝面前把罪责推给了崔浩。在这生死关头，高允没有按太子的话说，却据实承担了自己的大部分责任。太武帝听后大怒："此甚于浩，安有出路！"意思是说，他这罪责比崔浩还严重，那里还有开脱罪责的地方。

太子见此情景赶快上前解释到："高允他见皇上天威严肃，故一时惊慌失措，语无伦次，平时我问他时，他都说这些是崔浩所作。"皇上闻听太子的这番解释，怒气稍有平息。但高允不肯做违心的事，不肯把罪责推给崔浩了之，于是他又抢前一步道："太子这是可怜我，为了救我的性命，他平时并没有问过我，我也没有对他讲过此事。刚才我讲的是真话，不敢妄言。"

太武帝被他的诚实感动了，于是就赦免了他，但命令他起草惩处崔浩的诏书，要他在诏书中写明，自崔浩以下，僮吏以上128人皆宜灭五族。然而，高允又直言极力劝谏，拒绝草拟诏书。太武帝又大怒，后经太子再三拜请，才又得到太武帝的赦免。

# 27. 明山宾卖牛

明山宾是南北朝时的人，他曾做过南北朝梁朝的御史中丞这样的高官。他做官清正廉洁，为人忠厚耿直。在担任州官时，正碰上灾年，颗粒不收。他竟把官仓的粮食拨出来救济老百姓，因为这件事而触怒了朝廷。朝廷以他耗费国库为罪名，把他的田园房舍都没收归官。

他虽然做了好多年的官，但生活一直很清苦。一次，他竟穷得不得不把自己驾车的牛卖掉来应付家庭生活开支。

这天，他牵着牛到集市上去卖。站了好半天，好不容易遇上了一个买主。买牛的人见他的牛体形肥瘦还算可以，就给了他一笔钱买下了。

明山宾拿着卖牛的钱往家走。他一边走一边盘算怎样使用这笔钱。猛然，他想起一件事，便又急忙跑回了集市。

回到集市，他在人群中穿来穿去找那个买牛的人。那人正向周围的人夸耀他买的牛如何便宜，猛然看见明山宾追来，以为他要来重新讲价钱，便抢先道："咱们可是讲定了的，一手钱，一手货，这牛现在是我的了。"明山宾喘息了一阵说："你误会了。我忘了告诉你一件事，这牛曾经患漏蹄症，虽然治好了，保不了以后不发病，这事我不能不告诉你。"那人听了这番话，马上变了脸色，要和明山宾重新讲价钱。明山宾没有犹豫，按新讲定的价钱退还给那人很多钱。

周围的人见到这个情景便七嘴八舌议论开了。有的赞扬明山宾诚实，讲信用，有的说他太傻，不会做生意。明山宾毫不理会，拿着剩下的钱坦然地离开人群，回家了。

# 28. 萧鸾思俭

　　南北朝的时候，南朝有个挺出名的皇帝，他就是齐明帝萧鸾。

　　萧鸾是齐武帝萧道成的侄子，命中本与皇位无缘，可他后来杀了武帝的孙子，才登上了皇位。萧鸾生性冷酷多疑，登基之后不久，差不多把武帝的子孙斩杀殆尽。他在位期间虽然做了不少错事，但为了巩固自己的江山，在节制朝廷内外日益盛行的奢靡之风方面，做了不少事情。他不仅自己极其注意节俭，而且在各种场合都加以提倡，还经常让身边的官员监督和提醒自己。

　　这年端午时节，建康城中张灯结彩、热闹非凡，家家户户都沉浸在节日的欢乐之中。与这种热烈的气氛形成鲜明的对照，齐国皇宫内既无歌舞管弦，也无豪华宴饮。

　　将近中午时分，市井上的丝竹声、喧闹声不时飞入宫墙，缕缕不绝。负责皇室膳食的太监心想：今天是五月初五，照理说应该有所准备，可皇上什么也没吩咐，好像一点也没有过节的意思，我若自作主张，难保不遭到皇上的谴责。……他冥思苦想，觉得左也不是右也不是，于是决定不做任何特殊的安排，只在皇上用膳的时候，准备一个硕大而精美的粽子。太监的安排，不管怎么说，在端午节时总算对皇上有了个交代。

　　果然不出所料，吃午饭的时候，皇上一见粽子，脸上顿时浮现出欣慰之色。太监见状，心满意足，正要退下殿去，不想萧鸾叫住了他说："这个粽子太大了，我一次无论如何也不能将它吃完，如果余下来的丢弃不用，未免可惜。你先把它分成四块，余下的可以充作我的晚餐。"太监一听，不敢有丝毫的怠慢，赶紧把粽子均匀分割成四块，然后把余下的带回御膳房，妥善保管起来。

在古时候，人们为了去污除垢，常用一种叫皂荚的植物果实加水煎煮，然后再用煮出的汁水来濯洗衣物和进行沐浴。

一天，萧鸾在宫中闲暇无事，就打算用皂荚汁水梳洗沐浴一番。太监们为皇上准备好汁水以后，萧鸾见还剩下一些，就认真地嘱咐太监们说："这些汁水不要随意倒掉，放在那里，过后还可以再用。"听了皇上的吩咐，大家正要把剩下的汁水抬走，一个太监走出来说："陛下身为一国之主，为社稷日夜操劳，为什么还要为这些区区小事而劳心呢？"说着，他就要将剩下的汁水倒掉。

萧鸾听罢，连忙制止说："此话差矣，我岂是吝惜小利。皂荚汁水，虽为普通之物，但来之不易。我首倡节俭，就该率先执行，况且我的一言一行，都在国人的注目之下。如果我不在这些'区区小事'上格外注意，传扬出去，我所提倡的节俭之风还有谁会去认真对待呢？节俭的美德一旦废弛，代之而起的必然就是浮华奢靡。如果这种恶习在全国迅速蔓延开来，造成国势的衰败，那谁还能说区区皂荚汁水是微不足道的小事呢？由此看来，汁水事小，却关系到国家的前途。你们经常伴随我的左右，应该时刻注意提醒我更加节俭才是。"

众太监听了萧鸾这番谆谆教诲，一个个都惭愧地低下了头。

齐明帝虽然崇尚节俭，且身体力行，但他身为至尊，在宫中难免沾染上一些骄奢的毛病，可只要有人给他指出来，尤其是指出他在节俭方面的问题时，他都能够吸取教训，诚恳地接受人家对他的批评。

春节，历来都是我国人民最为隆重的传统节日。这年正月初一，举国上下同庆佳节，明帝宫内也是灯火通明，文武百官都纷纷前来朝贺，按照当时的习俗，各部大臣都要在新春佳节为天子呈上一件心爱的礼物。由于萧鸾素爱节俭，节日之前又特别作过指示，所以大家送来的礼物虽然雅致，但却都不奢华。齐明帝萧

鸾在几位爱卿的陪同下，兴致勃勃地观赏着这些礼品，心中不免十分高兴。

忽然，明帝在一件礼品面前停下了脚步。他仔细端详了一会儿，发现这件银制的温酒器具不仅质地豪华，而且雕琢得十分细腻，远非普通的礼品所能比拟，于是脸上露出不悦的神色，转过身来对众位大臣说道："我曾再三告诉大家，虽是新春佳节，也不可以奢华浪费，送来这样的礼品，实在有违我的初衷。这种东西留在我的身边也是无益，我看不如将它打碎为好。"

王晏等一班大臣见状，纷纷出来将明帝的美德盛赞了一番。听了列位大臣的赞扬，齐明帝的心里不禁有些飘飘然。正在这时，卫尉萧颖胄站出来说道："陛下，此物虽然精致，但却是件旧物，我看倒也算不得什么奢华，陛下如果将这件还能使用的东西打碎，是不是也与节俭的精神有些不相符合了呢？"

明帝见卫尉的口气与众不同，并且含有指责自己的意思，颇为不悦，但新春大礼之时，又不便发作，于是也就不了了之了。

后来过了没多少时间，一天萧鸾处理完朝政，就留一些大臣在宫内吃饭，当时萧卫尉也在其中。皇上留人在宫内吃饭，一般都比较随便，不像往日那样讲究礼节。君臣之间难得在一起如此轻松，于是席间有说有笑，倒也显得十分融洽。

与这种气氛截然相反，萧卫尉见席面上摆满银制的食具，坐在那里始终一言不发。明帝萧鸾发现卫尉有些闷闷不乐，不解其故，就低声问道："卫尉为什么不与大家一起畅饮呢？"

萧颖胄见皇上来问，就毫不客气地说道："陛下还记得新春大礼时，非要打碎银制温酒器具的往事吗？我看陛下当时那恨奢慕俭的心情，大概放到眼前的这些器物上才更加合适。"说完，就用手指了满桌的银制食具。

齐明帝萧鸾听萧卫尉这么一说，内心感到非常惭愧，当即命人将席间的所有银具一个不留地全部撤了下去。

# 29. 文帝执法

隋文帝统一全国以后，制定了许多法令，想以此管理好国家。

他对自己和儿子们要求比较严格，常常提醒他们，不要忘记连年征战，国家很穷，百姓很苦。有一次，他对皇太子杨勇穿的华丽的衣服十分生气，斥责说："过去，追求吃喝穿戴的帝王，没有一个不走向灭亡的。你身为太子，应该多想全国大事，怎么能把心思分散在这上边呢！"

不久，他的三儿子秦王杨俊在外边违犯法令，欺压百姓，还私自盖宫殿。有人将此事报告了隋文帝。隋文帝听后大怒，气得哆哆嗦嗦地说："把杨俊关起来，废除他的王位！"

对自己的亲生儿子，隋文帝毫不讲情面，严厉地处罚，感动了文武大臣。一个大臣说："皇上容臣禀奏。秦王杨俊确有错处，但也只不过是多花了点钱，您的处罚是否太重了？"隋文帝瞧了这位大臣一眼，严肃地说："不。国家有法，谁也不能违犯！"那位大臣又劝道："只是，秦王年龄还小，您就饶他这一次吧。"隋文帝不愿听这种求情的话，摆了摆手，反感地转身走开了。

不一会儿，大臣杨素又来禀奏："皇上，以臣之见，您处罚秦王确实太重了。您别忘了，他是您的亲生儿子啊！"隋文帝叹了口气。过了一会儿，他反问杨素："不错，他是我的亲生儿子，但法律只有一个。这法律无论是对百姓，还是对皇亲国戚都一样，谁违犯，都要依法惩处。照你的话说，我们难道还要定一个'皇子法'吗？"

杨素无言以对，点头称是。

# 30. 节制奢华

唐太宗是我国历史上一位比较有作为的皇帝。他在位期间，社会比较安定，百姓的生活也有比较大的改善。这一切是与太宗比较开明，并注意洁身自好的习性有很大关系的。我们这里要讲述的，是唐太宗做皇帝时，注意克制奢欲、崇尚节俭的几个小故事。

隋朝末年，政治黑暗，隋炀帝荒淫无度，不是大建宫殿，就是开凿运河，劳民伤财，使百姓不堪忍受。于是，隋末终于爆发了声势浩大的农民起义，隋朝政权也在农民起义的风暴中覆灭了。唐朝建立后，由于唐太宗亲身经历了隋朝灭亡的全过程。因而，在他即位不久，就给当朝大臣提出："去奢省费"、"选用廉吏"这样的治国方针。

他经常对身边的大臣说："当初隋炀帝掌权时，皇宫中珠宝遍地，美女如云。可隋炀帝对此仍不满足，还一再搜寻天下珍奇，荒淫无度，弄得百姓不得安宁。最后，导致亡国，这些不能在我们唐朝君臣身上重演，我们一定要时时要求自己清心寡欲，知道满足，不然百姓苦到无法生活的那一天，也会反对我们的。"

唐太宗是这样想的、说的，也是尽力去这样做的。

贞观四年六月，唐太宗突然下令要人修缮洛阳乾元殿，以供自己游乐。大臣张玄素听说后，当即反对。他言辞非常激烈地对太宗说："陛下当初平定洛阳时，很看不惯隋炀帝奢靡淫乱的生活，曾下令放火烧掉洛阳一切豪华宫殿，并告诫后人要引以为戒。现在陛下当政不到十年，难道自己忘了当初所立誓言吗？这样做，和隋炀帝又有什么两样？"

唐太宗初听张玄素这话很觉刺耳，他很恼怒张玄素将自己和隋

炀帝扯到一起，可当他冷静下来，还是克制住了奢欲，下令立即停止工程，并为了表示崇尚节俭之风，奖给张玄素五色绸二百匹，他对手下人说："以后有事要去洛阳，就是住在露天，也不会再干劳民伤财的事情了。"

当然，作为封建帝王，真正要克制住自己的奢欲有时也不那么容易。唐太宗刚刚接受了大臣张玄素的批评，下令停建乾元殿，可贞观五年九月，他又要人去修洛阳宫。大臣戴胄规劝他，他表彰了戴胄，打消了念头，可后来又到底有些忍不住，还是认人又堆山、又挖池，雕梁画栋，再次修起了洛阳宫。不过后来他再想想隋朝灭亡的教训，禁不住浑身打颤，最后还是克制了自己，下令毁掉洛阳宫，并把力主大修洛阳宫的"拍马"大臣解了职。

公元633年，唐太宗要到蒲州去视察。蒲州刺史赵元楷以为这是自己讨好皇帝邀功领赏的好时机，于是，在太宗赴蒲州之前大规模地翻造房屋，建宫修殿，并广为收集天下奇珍异宝，作为室内摆设，想以此讨得李世民喜欢。

哪想，唐太宗到达蒲州后，见宫殿修得过于奢华，殿中珍玩过于讲究，再加上听说蒲州刺史赵元楷在百姓中征收了一百多只羊，一千多条鱼，准备送给随皇帝前来的诸位亲贵，十分恼火，他非但没领情，还当即把赵元楷叫到自己跟前，指着宫殿中一件件奇珍异宝说："这是炀帝弊政，现在不能再来这一套了。今天，你让我又一次想起了隋亡的情景。你还是尽快改掉你的老毛病吧！"就这样，一心想溜须拍马，讨好君主的赵元楷，在唐太宗面前，讨了个没趣，碰了一鼻子灰。

唐太宗在位期间，不但能注意节制自己的奢欲，对皇亲国戚、达官贵族的奢侈之风也能注意有所限制。公元627年，他曾亲自下令，限制王公以下贵族住房过于奢华，并对贵族生活用车马、衣着服饰的具体标准等做了规定。贵族婚丧费用是国家一项不小的开支，

有些贵族，为了显示身份，大摆排场，有的主事人也想趁此机会大捞一笔，因此，唐太宗对各级贵族婚嫁丧葬的费用也做了一定规定，并强调：不符合规定的奢侈之举，一律禁止。严重者，要依刑法处罚。

有的大臣为了保住官位或思慕升迁，常常别出心裁地想出些方法，去讨太宗的欢心。其中也包括为太宗搜寻些奇珍异宝，或让能工巧匠为皇帝制些天下奇物等。唐太宗为了杜绝这种做法，曾一再下令：凡搜寻天下奇珍、制作奇物者，一律惩罚。

有一年，大臣段纶结识了一位叫杨思齐的高手工匠，此人做得一手好傀儡戏工具，很受众人赏识。段纶将杨工匠奉送给太宗，并说：只让他做傀儡戏工具，此物并非奢侈品。但唐太宗还是没有允许，而且还给予段纶降职处罚。

太宗见儿子吃饭时，饭桌上尽是山珍海味，就对儿子说："你知道耕种的艰难吗？"当听到儿子满意的回答后，就一再嘱咐儿子："要懂得节制奢华，懂得百姓的艰难。"在他去世前一年，他还多次对太子说："要是为君的不注意节俭，骄奢淫乱，不要说政权保不住，恐怕连自己的性命也难保住。"

# 31. 厉行节俭

刘晏，是我国唐代一位著名的理财能手，他在朝中任职共二十年，其间曾先后担任过管理盐铁买卖、转运粮食财物、管理赋税、铸钱等诸项重要经济工作，并经常以皇帝专使的身份出使东南地区，管理当地财政经济；后来，他官至左仆射，成为专门管理唐朝财赋的大官。刘晏在朝中做经济工作的时间长，经他手的钱财数目也相当大，但是刘晏为官期间却始终清廉节俭。二十多年里，他屡次升官，但朴素节俭的生活作风一点没有变。

在长安城东南部一条普普通通的街道上，有一座普通的住宅。大门早已褪了色，而且门表面的漆皮也已脱落。大门两侧，没有安放任何象征主人身份的奢侈品。走进门内，院内只有一排俭朴的住房，没有亭台楼阁，更看不见奇花异石。

这座住宅便是当朝财政大臣刘晏的家。刘晏当官几十年，没有为自己盖过一间华丽的住房，有人劝刘晏说：你家的那条街道过于繁杂，您住在那里太有失身份；也有人说：刘晏的住宅过于破旧，一个普通的中等官吏的住宅也会比刘晏的家有气派，并建议刘晏重修自己的府第。刘晏每次听到这些，总是一笑，他常对朋友讲："居住只求安全方便就可以了，不必讲究阔气。追求门面的气派，居室的华丽，都会造成浪费，这是不符合勤俭的精神的。"

刘晏在住房上追求俭朴，在生活起居诸项花费上也厉行节约。

有一年冬季的一天，北风呼呼地叫着，大雪过后，房顶上、路两旁，到处是一片银白。五更时分，天依旧是灰黑色的，刘晏已经坐上了他的旧马车，准备去上朝了。这天天气格外冷，刘晏身穿的冬衣早已破旧，刘晏坐在车上直打哆嗦，两只脚冻得似乎已僵硬了。这时，刘晏的车子来到了一家卖食品的铺前，刘晏向里张望了一下，忙叫停车子，想到铺中买点吃的，暖暖身子。可当他走进铺中一看，铺内样样早食价格都不便宜。他犹豫了片刻，又从铺中退了出来。

后来，他又遇到了一家烧饼铺，打听到这家铺子的烧饼价格相当便宜，便叫仆人去买几个来。当仆人捧着几个热烧饼回来后，刘晏便摘下帽子，用帽子把烧饼一兜，然后就大口大口地吃了起来。

与刘晏同行的几个官员，见刘晏这一副寒酸相，都捂着嘴偷偷笑他，有个阔家子弟，见刘晏这副样子，竟毫不客气地上前骂刘晏"乡下佬"、"土包子!"刘晏却摆出毫不在乎的样子，他边吃边说：

"蛮香嘛，好吃得很！"从那以后，刘晏常到那家烧饼铺买烧饼充当早餐。他的仆人见主人总是这样，有时也责怪他："太不讲究身份了。"可刘晏听了这话后，总是很认真地说："节俭是贤者的美德。一个人失掉了这个，才是真的没有了身份呢？"

刘晏在朝主持财赋期间，唐政府收入有了大幅度增加，其中不能不说与刘晏很会节俭有极大关系。

但是，在封建社会，政治的黑暗对一个正直、廉洁的清官来说，归宿常常是悲剧性的。刘晏为官期间，由于他厉行节俭，对贪官、赃官极其看不惯，因而也招来了他们的怨恨，奸臣杨炎经常在皇帝面前讲刘晏的坏话，诬陷他经济上不清白。后来皇帝听信了谗言，先解除了刘晏左仆射的职务，而后又在他六十多岁的时候，发配他到四川一个荒僻的小地方当刺史，最后又派太监在四川秘密处死了他。他死后十九天，朝廷才正式发布"赐死诏书"。刘晏死后，他的妻子儿女也被充军发配，他的家族友人中因受牵连而被迫害的达数十人。

刘晏被迫害的消息传出后，官府中一些正直的人纷纷上书朝廷，谴责奸臣杨炎对刘晏的诬陷，有人还上奏皇帝，要求朝廷为刘晏正名。

朝中那些奸臣、赃官见社会上对刘晏之死议论纷纷，俨然摆出一副主持公道的面孔，他们不但不敦促朝廷对刘晏做出公正的评价，反而一口咬定刘晏贪赃有罪，并让朝廷下令抄没刘晏的家，声称要没收他的全部家产。在这些昏官、赃官看来：刘晏在朝中主持财政工作已数十年，经他手的钱财何止千万，刘晏要是不贪污、不婪赃，那简直是见了鬼了。因此，奸臣杨炎不顾朝中一些正直大臣的反对，硬是下令抄了刘晏的家。

抄家那天，刘晏家门前挤满了人。在人群中，知道刘晏平时为人的，见此情景愤愤不平，有人甚至伤心地落下了泪；对刘晏了

解不多的人，此时见刘晏宅第设施如此简朴，心中也不免生起几分敬佩。整个抄家过程中，那些贪官及其走狗气焰相当嚣张。但是，这伙人在刘晏家翻腾了大半天，最后只从宅中抄出书籍两箱、米麦数石。在事实面前，他们个个像泄了气的皮球，再也说不出一句话，然而，刘晏厉行节俭、廉洁自好的美德，却为越来越多的人所传颂。

# 32. 忧国忧民

唐代大诗人杜甫，字子美，按他自己的说法，"少小多病，贫穷好学"。所谓贫穷，是相对而言。因为他曾祖是河南巩县县令，祖父杜审言是武则天时著名诗人，只是到他父亲杜闲，才越发不得志，只做过几任小官。杜甫生母去世较早，他自幼被抚养于姑母家。他爱读书："群书万卷常暗诵。"他也爱玩："一日上树能千回。"

青年时期，为了丰富阅历，开阔眼界，了解风俗民情，他游览了吴越、山东。24 岁后，开始走科举仕进的路，但到长安应试却屡试不第。公元 747 年，唐玄宗下诏，命有一技之长的人都去应试，以收揽人才。杜甫很高兴，他和诗人元结都参加了。结果，这次连一个人也不录取。原来，这是李林甫搞的一个骗局。李林甫是礼部尚书。他喜欢迎合皇上的旨意，以固其宠；妒贤嫉能，以保其位，为人面柔心毒。应试的人，一个没录取，李林甫反而上表向皇上贺"野无遗贤"，从而讨好皇帝，堵塞贤路。杜甫经历了这个骗局，对权奸专横的社会有了进一步的认识。

他闲居长安，郁郁不乐。直到 44 岁，才得到了兵曹参军这样一个极低微的官职。

这是公元 755 年冬季。天寒地冻，在长安通往奉先的路上，杜甫一步一步向前行走。这些年来，对外战争不断，百姓陷入水深火热之中，吃不饱，穿不暖。可那些贵族老爷却过着骄奢淫逸的豪华日子。他亲眼看到长安街上一边是饿死的穷人，另一边是欺诈百姓，挥金如土的富人。从长安到奉先要途经骊山，骊山有唐朝皇帝的行宫，皇上和后妃在这里游乐、狩猎。瞧那灯火辉煌，歌舞声声……杜甫心中一阵阵绞痛。啊！这个世界，为什么如此不平等？

他终于风尘仆仆地回到家中。这是他给妻儿临时安置的一个住所，一切都极简陋。叫开柴门，见到妻子泪流满面，忙问："唔，一年不见了。你们可好？是不是出了事？"妻子泣不成声地说："小儿子，他，他饿死了！"杜甫忍不住也流下了泪。是啊，全国都处于苦难中，他的亲人也不例外。

晚上，杜甫心中久久不能平静，终于有一首诗酝酿成熟了，他拿起笔，一句句写下来，这就是有名的《自京赴奉先县咏怀五百字》诗。其中有两句是：朱门酒肉臭，路有冻死骨。

这两句诗鲜明地描述了那个社会的贫富差异，深刻地揭示了当时阶级对立的情况。同时，也表现了诗人杜甫的不平，他同情那濒临死亡线的千千万万老百姓，他挂念着穷苦的人们。

后来，他看到朝政黑暗，而他又得不到信任。即使有抱负，有才能，也难以施展，于是就辞了官，带着一家老小，到四川成都定居了。在朋友裴冕等人的帮助下，他在成都西南浣花溪畔搭起了几间草房，就算安了家。此时，杜甫已经五十多岁，眼花了，耳朵也聋了，头发也快脱光了，一副极度苍老的模样。在草堂，杜甫种了些菜蔬，与当地农家民常常来往，日子虽然艰难，心情却还愉快。但最让他惦记的仍然是国家和百姓的命运。

第二年的八月，天气渐渐凉了。一天傍晚，突然刮起了大风。好大的风啊！狂风吹过，把杜甫住的茅草房子上的茅草全都给刮跑了。杜甫急忙拄着拐杖，到外面去捡拾茅草，可已经晚来了一步，

南村一群顽皮的孩子抱着茅草跑进竹林里去了。杜甫望着远去的孩子，又回头望望自家没有茅草遮盖的屋子，无可奈何地唉声叹气……

风是雨头。果然，不一会儿，雨就下了起来。草堂顶上的茅草被风刮去，屋里到处都在漏雨。雨淅淅沥沥地下个不停。草草吃罢晚饭，在屋里角落安排妻儿睡下以后，杜甫再也忍耐不住，创作的激情冲击着他的心扉。

他坐在小油灯下，写出了著名诗篇《茅屋为秋风所破歌》。

在诗的最后，他写道：

安得广厦千万间，

大庇天下寒士俱欢颜，

风雨不动安如山。

呜呼！

何时眼前突兀见此屋，

吾庐独破受冻死亦足！

这几句诗的意思是：怎能得到高楼大厦千万间，住上天下的穷人，家家笑开颜，安稳得像座山一样，风吹雨打都不怕。啊！什么时候能看到这样的房屋，我的这草房破漏，把我冻死我心里也满足！

杜甫一生坎坷，辗转漂泊，但他始终没有忘记祖国的危难和人民的痛苦。他在四川九年，身体越来越差。为了寻找亲友，他流落在湘江，以船为家，公元770年不幸病逝，才活了59岁。

杜甫的一生是忧国忧民的一生，后人不公称赞他的诗，也十分赞赏他的品德，称他为"人民诗人"。

# 33. 画圣拜师

吴道子是唐朝开元盛世时的画圣。

他天资聪明，在向师傅学画的一群学生中，他的成绩最突出，画得很好。师傅看他学有成绩，让他出去闯荡一番，临别时向他赠言："不拘成法，另辟蹊径。"

吴道子认为自己了不起，恃技狂傲。有一次，与很有名的杨惠之比画，结果惨遭失败，他羞愤难当，不仅撕了自己的画，也把杨惠之的画抢过来撕掉了。

他没想到还有人比他画得好。他衣衫不整、失魂落魄地来到一家酒肆。正巧，当朝的秘书监贺知章和长史张旭正在豪饮。他们醉后挥笔，贺知章提笔写出一幅古拙沉雄、具有飞动之势的狂隶书："酒中去寻蓬莱境，悠悠荡荡上青云。"

张旭放臂挥写，两行狂草出现在墙壁上："张颠自有沧海量，满壁龙蛇碗底来。"字迹真如龙蛇狂舞，气势豪壮。

吴道子看得发呆，仿佛得见天人一般。他奔到张、贺二人面前，扑地跪倒，叩头便拜。

张旭和贺知章见一个满脸污垢的人跪在面前，以为是乞丐，连忙扔下两把碎银子，向门外走去。

吴道子慌忙站起，跑到门前把张、贺二人拦住，重又跪倒说："在下姓吴名道子，愿投在二位老先生门下学习书法。"

张、贺二人这才明白吴道子的用意，但看他这副怪样，都不大欣赏地摇了摇头。在他们看来，这个小叫花子怎么能学好字呢？贺知章拉着张旭，绕开吴道子又向门外走去。

吴道子一看，他们不肯认他为学生，重新又站起来，急得大叫：

"二位先生慢走！"然后跑过去连连叩拜不起，只叩得额头流出血来，嘴里还不住地说："道子实在是为先生的技法倾倒，望能收下弟子，望能收下弟子。"一时间声泪俱下。

张旭、贺知章为吴道子的一片真诚所感动，过去把他扶起来。

张旭取出自己写的真、行、草三幅字给吴道子，要他先临习两年，说："字外无法，法在字中，勤奋就是诀窍。"

烈日炎炎，蝉鸣不已，吴道子在室内赤膊挥毫，练习楷书，他大汗淋漓，案上堆满了已书写过的纸张。

秋去冬来，大雪盖地，吴道子在书写狂草。

一年过去了，吴道子去拜见恩师。

张旭看见吴道子来马上问道："你为何刚临一载就来找我？"

吴道子把一幅自己写的草书呈给张旭："弟子来请恩师指点一下……"

张旭将条幅展开一看，很生气，随手掷于地上。吴道子见了，连忙跪在地上说："恩师，弟子知道，技法还远未练成，然而弟子不是为学书法而学书法的。"

"嗯？"张旭面有愠色。

吴道子说："弟子本来志在丹青。现如今画坛技法俱已陈旧，弟子志在创新，另开蹊径，然而苦于无从下手。也是苍天助我，幸得偶见恩师书法，笔走龙蛇，大气磅礴，猛然悟得若能以书法绘画，便可一改前代画风，于是拜在恩师门下。现有一拙作，望恩师赐教。"说毕，将一幅"兰叶描"金刚力士像呈到张旭面前。

张旭接画在手，展开观看。吴道子在一旁窥视着他的脸色。但张旭却一脸矜持，不露声色。观后，张旭把画卷了起来。

吴道子起身道："弟子还要游遍远近山川庙宇，再练山水画技，就此告辞了。"说完，对着张旭拜了三拜，转身离去。

张旭待他走后，才展开画幅重新看，嘴里叹道："绝顶聪颖绝顶

狂，天生道子世无双。"

# 34．不做假证

张说（音 yuè）唐代人，武则天称帝后，他是宰相魏元忠部下的官员。他为人正直，不畏权势，不替权奸做伪证陷害忠良的行为，表现出高尚的品格。

公元 690 年，武则天即位以后，最宠幸"两张"即张昌宗和张易之。这两个人十分奸佞，权势很大，满朝文武都怕他们三分。可是宰相魏元忠却不把他们放在眼里。魏元忠还在洛州当刺史的时候，张易之的一个仆人仗势欺人，残害百姓，洛阳官员因他是张易之的人，谁也不敢处置他。魏元忠知道了此事，就把他抓起来打死了。张易之怀恨在心。魏元忠当了宰相以后，武则天想把张易之的弟弟张昌期任命为长史，一些大臣为了迎合武则天，都称赞张昌期能干。魏元忠却说张昌期不适合当此重任，武则天因此就没有提拔张昌期。

因此，张昌宗、张易之把魏元忠视为眼中钉，千方百计想把他除掉。他们就在太后面前诬告魏元忠，说魏元忠曾经在背后说："太后老了，不如跟太子靠得住。"武则天一听大怒，就把魏元忠抓起来，打进了监牢，还要亲自审讯他，并且要张昌宗、张易之当面对证。

张昌宗怕此事败露，又想出一个毒计，想找一个假证人陷害魏元忠。他们想来想去，最后物色到魏元忠部下的官员张说。他们派人把张说找来，逼迫他答应此事，并答应他事成之后，不仅给他重赏，还要提拔他。张说明知魏元忠冤枉，但是又害怕他们的权势，虽然答应了，但思想斗争得很厉害，他知道这将关系到他个人的生死存亡。

第二天，武则天上朝，召集文武官员、太子和宰相，要张昌宗和魏元忠当面对质。魏元忠没有此事，坚决不承认，二人争论起来，半天没有结果。于是张昌宗就对武则天说："魏元忠部下的张说就听到过这些话，可以把他找来作证。"武则天立刻传令让张说进宫。官员们都知道发生了什么事，听说张说要上朝作证，大家都非常担忧。一个叫宋璟的官员见列张说，对他说："此事关系甚大，千万不要附和奸臣，陷害好人啊！一定要说真话，即使得罪了太后，被流放，脸上也光彩。一个人的名誉是最可贵的。"还有一个叫刘知几的史官也提醒张说道："不要玷污你的清白，不要连累后代子孙呵！"

张说听了大家的一番话，心里拿定了主意，胆气也壮了起来。他神情严肃不慌不忙地上了朝堂。

武则天问他说："你听到魏元忠诽谤朝廷的话了吗？"

魏元忠一见张说，就大叫起来说："张说，你想跟张昌宗一起陷害我吗！"

张昌宗在旁边威胁催促张说说："你别去理他，不要害怕，赶快大胆作证！"

张说一见这种情景，就势向武则天说道："陛下请看，在陛下面前，他还敢这样胁迫我，可以想见他在宫外是怎样霸道了。我不能不说实话了，我确实没有听到魏元忠说过反对陛下的话，是张昌宗逼迫我来做假证人的。"

张昌宗一见张说变了卦，气急败坏地叫了起来："好你个张说小子，你是魏元忠的同谋犯。"

武则天是个聪明的人，听了张说的话，明知魏元忠的确冤枉，但她又不愿让张昌宗他们下不了台，就斥责张说说："你真是反复无常的小人。"并下令把张说也抓起来。

事后，武则天又多次派人审讯张说，可是张说已经横下一条心，坚决不做伪证。武则天虽然没有抓住魏元忠谋反的证据。但还是撤

了他的职务，又把张说判了流放罪。不久，宰相张柬之和一些官员趁武则天病重，夺了禁卫军兵权，把张昌宗和张易之等都抓了起来，把武则天也赶下了台。

# 35. 颠张醉素

唐代大书法家怀素，俗姓钱，湖南零陵人。他是书法史上领一代风骚的草书家，与唐代另一草书家张旭齐名，人称"张颠素狂"或"颠张醉素"。所谓"醉素"，缘由这位出家人嗜酒成性，醉后"草圣欲成狂便发"，敢从破体变风姿，字字笔走龙蛇，"风骤雨旋"，笔下气势磅礴，着实给人以"剑气凌云"的豪迈感。怀素的草书用笔圆劲，"使转如环"，所学对象不拘一格——大自然、长辈、再传弟子，甚至在公孙大娘的舞剑中也能颖悟笔法，此种精神，正是这位大书家成大器的奥秘所在。

据《高僧传》记载，怀素的曾祖父钱岳，唐高宗时做过纬州曲沃县令，祖父钱徽任延州广武县令，父亲钱强做过左卫长史。怀素的伯祖父释惠融也是一个书法家，他学欧阳询的书法几乎可以乱真，所以后来乡中称他们为"大钱师，小钱师"。怀素生得眉清目秀，自幼聪明好学，做事少年老成，10岁时"忽发出家之意"，他的父母听说后极为惊慌，百般阻挠，终于说不过他，让他进入了佛门。当了和尚后，他改字藏真，史称"零陵僧"或"释长沙"。

怀素很小就学习书法，因为家里穷，买不起纸，只好在寺里的墙上、衣帛上、器皿上练字。他还在故里种了一万多株芭蕉，剪其叶以供挥洒。后来又做了一块漆盘和一块漆板，写了擦，擦了写，以致把盘、板都写穿了。正是因为怀素"弃笔成冢，盘板皆穿"的勤学苦练精神，后人才评价他"有笔如山墨作溪"。

怀素草书的名气，在青少年时代已经远近闻名。当时有位朱遥处士，听说少年和尚草书有名，特从远处赶来衡阳，拜访怀素，并赠诗道："衡阳客舍来相访，连饮百杯神转王。""笔下唯看激电流，字成只畏盘龙走。怪状崩腾若转蓬，飞丝历乱如回风。……于今年少尚如此，历睹远代无伦比……"永州太守王邕也亲自登堂拜望怀素，并赠诗道贺。

怀素不光擅长书法，还会作诗，与李白、杜甫、苏涣等诗人都有交往。由于他才华横溢，留下了不少士林佳话。

唐肃宗乾元二年，怀素22岁。这年李白已59岁，在巫峡遇赦后，从长流夜郎乘舟回江陵。在南游洞庭潇湘一带时，被怀素找到求诗，两人于是成为忘年之交。李白精神十分振奋，当即写了一首《草书歌行》赞扬他："少年上人号怀素，草书天下称独步。墨池飞出北溟鱼，笔锋杀尽中山兔。……起来向壁不停手，一行数字大如斗。恍恍如闻神鬼惊，寸寸只见龙蛇走。左盘右蹙如惊电，状同楚汉相攻战。湖南七郡凡几家，家家屏障书题遍。王逸少，张伯英，古来几许浪得名。张颠老死不足数，我师此义不师古。古来万事贵人生，何必要公孙大娘浑脱舞。"这使怀素大为高兴。

有一天，怀素看见几块浮云，像棉花团似的一朵朵分散着，映照着温和的阳光，云块的四周射出金色的光辉，太阳已被浮云遮蔽住了，不禁令他忆起"总为浮云能蔽日，长安不见使人愁"的李白诗句。一会儿这些积云又很快地消散了，它们又成为扁球状的云块，云块间露出碧蓝色的天幕，远远望去这些白云就像草原上雪白的羊群，一会儿像奔马，一会儿像雄狮，像大鹏，有的像奇峰。忽然乌云密布，雷电齐鸣，风雨大作。这时候他恍然想起一个"悟"字，我何尝不可把这些夏云随风的变化运用于狂草之中呢！从此怀素的狂草，有了一个飞跃，冲破了王羲之、王献之受章草的影响束缚，创造性地形成了他自己的狂草风貌。

与张旭一样，怀素在看了公孙剑器舞后，大受启发。由此他的狂草在画形分布、笔势往复中增强了高昂回翔之态；在结体上也加强轻重曲折、顺逆顿挫的节奏感。因此他的名气越来越大。

怀素40岁至京兆，向颜真卿求教笔法，并请作序以"冠诸篇首"。怀素是通过颜氏而学到张旭笔法的。张旭曾举出"十二笔意"授给颜真卿，颜真卿把"十二笔意"即"平谓横、直谓纵、均谓间、密谓际"等传授给怀素，又问怀素道："你的草书除了老师传授外，自己有否获得感受？"怀素道："贫僧有一天傍晚，曾长时间地观察夏云的姿态。我发现云朵随着风势的转化而变化莫测，或如奇峰突起，或如蛟龙翻腾，或如飞鸟出林，或如惊蛇入草，或如大鹏展翅，或如平原走马，不胜枚举，美妙无穷。"颜真卿说："你的'夏云多奇峰'的体会，是我闻所未闻的，增加我的见识，'草圣'的渊妙，代不乏人，今天有你在，后继有人了。"

怀素留下的草书有：《四十二章经》、《千字文》、《自叙帖》、《苦笋帖》、《圣母帖》、《论书帖》、《去夏帖》、《贫道帖》、《逐鹿帖》、《酒狂帖》、《食鱼帖》、《客舍帖》、《别本六帖》、《藏真帖》、《七帖》、《高座帖》、《北亭草笔》等。

# 36. 自成一家

吴道子，又名道玄。阳翟（今河南禹县）人。我国唐代杰出的画家，他以卓绝的绘画成就被后人称为"画圣"。

吴道子出身于贫苦人家，自幼穷困孤苦。但是处于逆境当中的吴道子少有壮志，好学不懈，特别喜欢画画。他的才华被同样爱好艺术的官员韦嗣立赏识，收他做手下的当差，从此吴道子有机会跟随韦嗣立来到四川，四蜀绮丽的风光、雄奇的山水，启迪着他的创

作才华。吴道子不拘泥于古法，大胆探索，终于自成一家，创出了山水之体。

后来吴道子担任兖州瑕邱尉，繁琐的公务使吴道子无法安心作画，于是他决定弃官而去。20 岁时，吴道子来到东都洛阳，专心从事绘画艺术。他向张旭、贺知章学习书法，他的同学中有后来被尊为"塑圣"的著名雕塑家杨惠子。由于对绘画的痴迷，吴道子后来干脆放弃书法，一心扑在绘画上。

正因为对绘画艺术的钟爱，吴道子作画充满了激情。他作画时意守丹田，全神贯注，胸有成竹，心中早有了全幅画的构思，因此无论他画多大的画像，无论落笔是从头开始，还是从手开始，或是从脚开始，都能画出惟妙惟肖的作品来。吴道子为当时很多寺院画了壁画，一时间声誉溢于四方。

唐玄宗李隆基是位颇知风雅的皇帝，他本人就精通音律，也善书画。他听闻吴道子的大名，于是就把他召入长安（今陕西西安），让他专为宫廷作画。入宫以后，随着身份、地位的提高，吴道子有机会随皇帝巡游四方，而且可以结交各地名流，浏览四方古迹。这对开阔吴道子的眼界、形成他的画风有重要作用。

吴道子还善于从生活中寻找艺术灵感。他曾看过当时著名剑术名家裴曼将军舞剑，裴将军潇洒自如、行云流水般的剑舞让吴道子深受启发。他观后心潮澎湃，援笔绘画，所画之作如有神助，栩栩如生。

吴道子的绘画技艺突破了前人的技法。他所画的人物、佛像，虽然不是丝缕必备，但是神韵却很充足。吴道子善于运用线条的飘动变化和力量，来表现人物灵活多姿的形象。他画的人物，衣角飘飘，盈盈若舞，形成了"吴带当风"的独特风格。这种逼真的绘画效果使得他的画名噪一时，被称作"吴家样"。吴道子绘画不仅讲求逼真，而且讲求传神。

吴道子的绘画技艺，在当时就广为人知。每当他在寺中作画，围观的人就里三层、外三层，像墙一样围住他。吴道子画佛像头顶的圆光，不用思虑，信手一挥，一个圆弧就出现了，令围观的人叹为观止。吴道子具有丰富的想像力，即使人物千百，他也能画得毫不雷同。这一切，都得益于他绘画方面的天赋，更重要的是平时的苦练。吴道子的画和张旭的草书、裴曼的剑术，被誉为当时的"三绝"。

天宝年间，吴道子被派往四川绘嘉陵江景色。这次故地重游，吴道子心情舒畅无比，两岸青山绿水，一一收于眼底。回到京城后，吴道子在大殿上展开长卷，将川江三百里胜景，一日之间就画好了。唐玄宗看后称赞不绝，他说别的画家要几个月完成的事，吴道子一天就可以做完。吴道子高超的山水、人物画技艺为他赢得了"画圣"的美誉。他的同学杨惠子本来在绘画上也很有成就，但看到吴道子的画后自叹不如，从此放弃绘画，专攻雕塑，终成一代"塑圣"。在当时的画坛，吴道子享有极高的声誉，后辈画师纷纷奉他为师，一时间弟子成群，影响深远。

"安史之乱"后，唐王朝由盛转衰，此时已近垂暮之年的吴道子晚景也很冷落，不久他就在孤寂无闻中溘然去世。然而他所创立的绘画技法对后代产生了巨大的影响，不仅在中国，而且对朝鲜、日本的画坛影响都是不可磨灭的。他的著名作品《送子天王图》、《高僧图》、《地狱图》等是价值连城的稀世之宝。


# 37. 情融于艺

颜真卿是唐代杰出的书法家。他刚正秉直，曾高举义旗，抗击安、史叛军，后来为维护大唐的统一，坚贞不屈，英勇就义，其事迹被后人所称颂。他的书法端庄雄伟、气势宏大，展示着盛唐的时代风格，被后人尊称为"颜体"，对后世有深远的影响。

书学在唐代为鼎盛时期，只要说到楷书，人们言必称虞、欧、褚、颜。颜真卿即是其中最富革新精神的大书法家。颜真卿，字清臣，京兆万年（今陕西西安）人。他出身名门，是著名学者颜师古的五世孙。颜真卿为人笃实耿直，向以义烈闻名于官场，曾为四朝元老，宦海浮沉，不以为意，后奉命招抚谋反的淮西节度使李希烈，为李所杀。

颜真卿从小就继承家学，热爱书法艺术。孩时因家贫，买不起纸笔，就以黄土扫墙学习书法，成年后在做难泉县县尉时，习武之余，潜心学书，但总感到长进不大。当时"草圣"张旭名扬海内，颜真卿慕名毅然辞去官职，在张旭门下学书。张旭并没有给颜真卿讲很多，仅仅作了一些示范，勉励他勤奋学习，下功夫临写，在临写中体会笔法。大约有两年的时间他为了学书不辞辛劳来往于长安和洛阳之间，经常请教张旭。颜真卿恳切地请求张旭给他讲授笔法要诀。张旭看他学习勤奋，态度诚恳，就单独传授笔法规则给他。传说《张长史十二意笔法记》就是颜真卿根据他和张旭谈笔法时记录整理的。在这个时期他还结识了张旭另外两个弟子怀素和郭彤，并经常在一起讨论笔法，所谓"屋漏痕"就是他和他们讨论笔法时提出来的。颜真卿的书法，经过张旭的传授和本人的勤学苦练，潜心钻研，有了长足的发展，为形成自己的独特艺术风格，在理论和基本功训练上作好了准备。唐代是我国书法艺术发展史上一个新的繁荣时期。唐初的书风，是沿隋代南北书风融汇而来的。由于唐太宗李世民大力推崇和提倡王羲之的书法，唐初的书法一直在"二王"书风的笼罩之下。唐初楷书的碑直传六朝碑版之意，字形严肃而凝重，富于所谓金石气，但同时姿态众多，在凝重之中含有流美飞扬的风韵。唐初"四家"都宗师"二王"书法，又具有

各自的风貌。这除了艺术因素外，还有一个很重要的因素，就是当时楷体作为一种文字现象，它的结构、形体和书写形态，在各家书法创作中仍有不小的分歧。这恰好说明初唐楷书还处在成熟前的酝酿阶段。经过初唐到盛唐中期这近130年的时间推移，楷体形体变迁历程步入最后结束的前夜。人们的审美观此时也有较明显的变化，社会力量要求有反映盛唐时代风貌的新的艺术风格出现。颜真卿顺应时代要求，担负起发展中国书法艺术的重大使命，以自己的艺术成就，继王羲之以后树起了又一块丰碑。"颜体"出现后，汉字的楷体字体在结构形态乃至书写外观上，便有了固定的字体形态。一代宗师颜真卿，传世碑刻、拓本和真迹有70余种之多，最著名的是《多宝塔碑》、《麻姑仙坛记》和《颜勤礼碑》，成为世界文化宝库的稀世珍品。

颜真卿的一生，政名和书法名气一样显赫，在政史和书法史中他都是流芳百世的一代名臣和宗师。他的一生，一半是在沙场、在朝廷的错综斗争中度过的。他把全部忠心献给了唐王朝，真正做了一位忠贞清廉的大臣。而另一半是在书斋中度过的，他钻研艺术、文学，酷爱书法，这是他一方宁静的天地。他又自强不息地走向一代书法家的巅峰。在中国书法艺术史上，艺术生命力最强、影响最深、使后世书法家受教益最大者，莫过于王羲之和颜真卿。"颜体"出现于唐代，成为一面楷书书法艺术的旗帜，他的影响之广甚至超过了王羲之，因为"颜体"更能被广大民众所接受，初写颜字的人要比写王字的多。在深度上，许多著名的书法家都受到颜书的影响，唐代晚期的柳公权得"颜体"精髓，而使唐代楷书书法艺术达到另一高度。宋代四大书法家的苏轼、黄庭坚、蔡襄、米芾都深受颜书的影响。宋代发明了活字版印刷术后，在印刷体中多采用颜体，宋时刻本的字体多仿颜体，可见颜书在当时风行一时。元代的几位书法大家，如赵子昂、鲜于枢等人也都学过"颜体"。明清的许多书家以学"颜体"为入门者不在少数。颜真卿谢世已1200多年，"颜体"的艺术风范犹存，影响了几乎所有后代书家，这在中国书法艺术史上是不多见的。史学家范文澜说到唐书，称"盛唐的颜真卿，才是唐朝新书体的创造者"。颜的楷书，反映出一种盛世风貌，气宇轩昂；而他的行草，使宋代米芾也心仪斯书，原因是那些书帖往往是在极度悲愤的心境中走笔疾书的，读者可从书中领略各种滋味。情融于艺，艺才生魂，历史上大凡优秀的艺术，均不违背这一准则。

颜真卿一向喜欢结交有学问的读书人。他在湖州与张志和的结识，历来被传为佳话。张志和是金华人，学问渊博，能诗善画，曾经做过官，后来隐居江湖，自号烟波钓徒，又号元真子。大历九年（774年），颜真卿请他到湖州来做客。拿了一卷绢请他作画，张志和提起笔来很快就画好了一幅山水画，旁观的人对他的艺术才能都非常钦佩。张志和、颜真卿还和宾客们在一起饮酒、作诗词，写了几十首《渔歌子》。张志和的歌词流传了下来，其中最为人们所喜爱的一首是："西塞山前白鹭飞，桃花流水鳜鱼肥。青箬笠，绿蓑衣，斜风细雨不须归。"颜真卿看到张志和坐的渔船又小又破，就替他换了一条新的。张志和回去后，颜真卿很想念他，写了一篇《浪迹先生元真子张志和碑铭》记述他的事迹，还劝勉他不要在烟波江上终老一生，应该出来好好地干一番事业。

总之，颜真卿其人其书都是后人学习的典范。

# 38. 用笔在心

大唐文化瑰丽堂皇，书法艺术名家辈出。初唐有欧、虞、褚、薛；盛唐有张旭、颜真卿、怀素诸人；中晚唐有柳公权、沈传师诸大家。柳公权从颜真卿处接过楷书的旗帜，自创"柳体"，登上又一峰巅。后世以"颜柳"并称，成为历代书艺的楷模。

柳公权，字诚悬，今陕西耀县人。官至太子太师，世称柳少师。柳公权从小就喜欢书法，发愤练字。民间流传出有这样一个柳公权发奋练字的故事：

有一天，柳公权和几个小伙伴举行"书会"。这时，一个卖豆腐的老人看到他写的几个字"会写飞凤家，敢在人前夸"，觉得这孩子太骄傲了，便皱皱眉头，说："这字写得并不好，好像我的豆腐一样，软塌塌的，没筋没骨，还值得在人前夸吗？"小公权一听，很不高兴地说："有本事，你写几个字让我看看？"老人爽朗地笑了笑，说："不敢，不敢，我是一个粗人，写不好字。可是，人家有人用脚都写得比你好得多呢！不信，你到华京城看看去吧。"

第二天，小公权就独自去了华京城。一进华京城，他就看见一棵大槐树下围了许多人。他挤进人群，只见一个没有双臂的黑瘦老头赤着双脚，坐在地上，左脚压纸，右脚夹笔，正在挥洒自如地写对联，笔下的字迹似群马奔腾、龙飞凤舞，博得围观的人们阵阵喝彩。小公权"扑通"一下跪在老人面前，说："我愿意拜您为师，请您告诉我写字的秘诀……"老人慌忙用脚拉起小公权说："我是个孤苦的人，生来没手，只得靠脚巧混生活，怎么能为人师表呢？"小公权苦苦哀求，老人才在地上铺了一张纸，用右脚写了几个字："写尽八缸水，砚染涝池黑；博取百家长，始得龙凤飞。"

柳公权把老人的话牢记在心，从此发奋练字，终于成为了著名书法家。

柳公权的字在唐穆宗、敬宗、文宗三朝一直受重视，他官居侍书，仕途通达。文宗皇帝称他的字是"钟王复生，无以复加焉"。有一次，穆宗帝问他怎样用笔最佳，他说："用笔在心，心正则笔正。"这句名言被后世传为"笔谏"佳话。

柳公权在唐代元和以后书艺声誉之高，当世无第二人。当时公卿大小家碑志，不得柳公权手笔的，人以子孙为不孝。而且柳公权声誉远播海外，外夷入贡，都另出资财，说："此购柳书。"皇帝的重用，大臣的推崇，固然可以转移一时风气，但这并非柳公权声誉鹊起的主要原因。柳体以创造一种新的书体美，征服了当代，也赢得了后代的推崇，"一字百金，非虚语也"。苏轼说："自颜、柳没，笔法衰微。"

柳公权先学颜字，但能自创新意，世称"颜筋柳骨"。他们书法的不同点在于，柳字避开了颜字肥壮的竖画，把横竖画写得大体均匀而瘦硬。他又吸取了北碑中方笔字斩钉截铁棱角分明的长处，把点画写得好像刀切一样爽利深挺。他又吸取虞世南楷书结体上的紧密，颜真卿楷书结体的纵势，创出了独树一帜的柳体。世人颜柳并称，一是楷书艺术到颜真卿、柳公权时已大成，柳同颜一样以楷书嘉惠后学；二是柳与颜一样以人格和书艺相结合，成为后世书家的楷模。确实，"柳体"与"颜体"已成学习书法之津筏；"心正笔正"之说，为书法伦理标准之一；"颜筋柳骨"已是书法审美的一种类型。人们瞻仰这丰碑时，景行仰止，重其书，慕其人，故书与人永垂不朽。

柳氏的一生，除了少许时间在外任官，基本上都在皇帝身边，一直在不断地为皇家，为大臣，为亲朋书碑。柳公权颇像一只关在禁笼中的金丝雀。这样的生活使他缺少壮阔的气度、宽广的视野、浩瀚的生活源泉。颜体不断地发展，柳体在其成熟后变化较少；颜真卿像奔腾咆哮的洪流，柳公权却似流于深山老林的涧水。这是两种不同的格调。

柳公权作为又一代书杰，他高耸的丰碑有多重意义。其代表作有：《李晟碑》（石在陕西高陵）、《大达法师玄秘塔碑》（石在西安碑林）、《苻嶙碑》（柳碑中最完全者）、敦煌石室藏旧拓《金刚经》、

《神策军碑》等。

# 39. 不置私产

宋太祖赵匡胤时，社会风气相当奢靡。由于赵匡胤掌权后，时时害怕手下大将发动兵乱谋反，所以，他常用金钱、美女收买他们，想以此使那些曾经征战沙场的兵将们，玩物丧志，安于享乐。可这一切，却大大助长了社会本来就很严重的淫奢之风。

然而，就是在宋初贵族们整日沉溺于花天酒地之中的情况下，朝廷中却也有一位以清廉耿介自守的大臣，他"出污泥而不染"，一生保持着节俭清正的美德。这位大臣就是当朝宰相——范质。

范质虽身居高官，却不慕荣华。他平生只有住宅一所，而且还相当简朴。他家中不仅没有奢华的陈设，就连他平时生活必需用品，都非常俭朴。十几年来，他一直睡在一张非常粗糙的硬板木床上，家人吃饭、饮水时用的碗，也一律是粗瓷的。

一天，太祖见范质一连好几天也没来上朝，十分奇怪。向大臣们一打听，才知道范质生了病。赵匡胤一向器重范质的才干，这会儿想：范质多年来为朝廷办事总是任劳任怨，若不是生了什么大病，他不会一连这么多日不上朝的，想到这，他突然觉得应该去范质府上探望一下。于是，便叫上身边几位大臣，一同来到范质家中。

却说范质因受了风寒，高热不退，几日来一直病卧床榻。今日喝罢大夫新开的药后，似乎觉得身体舒服了一些。于是，他便唤仆人将他扶下床，想在地上走走。

范质刚下地走了半圈，忽听门外传来皇宫中侍卫的吆喝："陛下驾到！"

"陛下怎么来了？"几日来，范质一直没上朝，正对朝中有些事

不放心，此时忽听"陛下驾到"，心中不免有些紧张，于是忙唤家人帮他换衣服，准备迎接皇帝。

就在这时，赵匡胤已和几位大臣走进了范质的居室。一位大臣一见范质忙告诉他："皇上不放心你的健康，今特到府上问候。"范质听罢，忙跪拜谢恩。

赵匡胤进入范质的居室，本该先问范宰相身体是否安康。可此时，他为范质居室中陈设的过于简陋惊呆了。他从前也听说过范质生活起居相当俭朴，但他怎么也没有想到：范质作为自己手下一名高官，竟至俭朴到这种程度。他坐在居室正位，对室内一切反复环视了几遍，然后对范质说："丞相家中也过于简朴了。朕一向佩服丞相清正自守的美德，但身为国相，寒酸过头，这也太有失尊严了，不知贤相以为如何？"

赵匡胤正说着，范质府中仆人端上茶来。赵匡胤一看，这茶具完全是粗瓷的，不要说这杯盘上没有精美讲究的雕饰，就是瓷器本身，质地也显得过于粗糙，色泽过于灰暗。赵匡胤手捧茶杯，心想："范质也做得太过火了。平日里你家里用用这些也罢，可如今是我亲驾到你府，你怎么也该给个面子。让我用这样器具饮茶，岂不是对我太不尊重了吗？"想到这，赵匡胤将手中茶杯又看了看，皱着眉对范质说："丞相家中总用这等茶具待客吗？"

范质见太祖这样问，知道皇上是对自己的茶具粗糙有所不满，但他并没有把这事看重，更不觉得这就是对皇上的不敬，所以他语调平和地回道："陛下莫怪，臣下平时从不因公在家中会客，到臣下家的宾客，不是自家亲友，就是臣下贫贱时患难的朋友。臣下招待这样的人，自然不用备什么豪华讲究的器具。臣下认为，亲朋好友常能相聚，共叙友情，这已是蛮好了，何必讲究那些友情之外的东西呢？不知陛下以为臣的见解是否正确。"范质说着，向太祖投出询问的目光。

赵匡胤听了范质的话后，虽说心里仍有几分不高兴，但想来，范质的一番话也无可挑剔。范质素日节俭，所交之友也往往是清廉之士。范质以此待他们，倒也说得过去。想着，他也就不再挑剔茶具的粗糙，举杯呷了几口茶，问候了范质一番，然后起驾回宫去了。

赵匡胤回宫后，想起范质贫寒节俭的家室，心里总不过意。他觉得，不管怎么说，范质平日对朝廷忠心耿耿，现在过这样的日子，太寒酸了。于是，他思忖了片刻，叫来两位内臣，让他们迅速给范质送去一张考究的雕花床榻，两床舒适柔软的上等棉被，又外带了一套精美的茶具。

几个月以后，一次宋太祖又有事亲驾范质府上。然而，令赵匡胤惊奇的是：范质卧室中仍放着他原有的、粗糙不堪的硬木板床，床上的被褥也依旧是原有的，而且，当范质家仆人为他捧上热茶时，赵匡胤发现所用茶具也依旧是原有的那套粗瓷的。

"我送的东西难道你没有收到吗？怎么还用这些？"赵匡胤一见此种情景，带着疑惑的目光向范质问道。

范质道："陛下赐予臣下的东西，臣下早已收到。只是……"

"只是什么？"赵匡胤没等范质说完，抢问道："丞相难道就甘愿过这样清苦的日子吗？你是丞相，能对自己所负责的事情尽职，这已是对朝廷尽忠了。何必一定要自己跟自己过不去，过这样穷酸的日子呢？"

范质听了宋太祖的话后，没有马上回答，他想了片刻，才非常郑重地对皇帝说道："陛下不能说臣已经尽职。陛下赐予臣许多贵重之物，臣感恩不尽，这就更应该为陛下治理天下尽心效力。可陛下恐有不知，今下奢华靡费之风盛行，臣下没能尽力制止此风，这已是对陛下没有尽职。如果臣今日再带头受用陛下所赐贵重之物，生活奢侈铺排，天下人闻之，奢靡之风岂不愈演愈烈。那样，臣对朝廷，不要说有功，岂不成了有罪？臣下正因为思虑这些，才没敢享用陛下所赐之物。望陛下能体谅臣的一番用意。"

赵匡胤听了范质此番话后，内心大为震动。后来，范质因病去世后，宋太祖在与侍臣品评宰相人才时，非常感慨地说："范质确实是一个真正的宰相啊！"

# 40. 晏殊为相

晏殊是宋朝人，曾做过宰相。他为人刚直，为官清廉，很得百姓拥戴。他肯起用贤才，当时贤臣范仲淹等人都出自他的门下。

晏殊小时候就诚实，正直，并且聪明过人。他7岁能作文，14岁时大臣张知白向皇帝推荐他为"神童"。皇帝召见他，要他与一千多名进士同时参加考试。考场上，晏殊沉着冷静，卷子答得又快又好。皇帝十分高兴，赏他"同进士出身"的称号。

第二天又复试，题目是《诗赋论》，他看见题目就说："这个题目，我曾在十天前做过，草稿还在，请求另外出题。"

皇帝听了，觉得这孩子很诚实，特别喜欢他。后来他被破格任用为"翰林"。一次朝中大小官员到京城郊外游玩，举行盛大宴会，晏殊因家里贫穷无力参加这些活动，就在家里和兄弟们读书做文章。

一天，皇帝要为太子挑选老师，但不叫大臣推荐，自己直接点名要晏殊担任，大臣们很惊讶。皇帝说："我听说晏殊常闭门读书，不参加各种宴会，这是一个忠厚谨慎的人，放在太子身边最合适。"

晏殊拜见皇帝谢恩时却说："我不是不愿游玩，不愿参加宴会，因为我家贫穷办不到。我要是有钱，也是会去的。"

皇帝见他如此肯讲实话，对他特别赞赏，更加信任他，后来让他当了宰相。

# 41. 廉洁尽职

提起包公，谁都知道他是一个善于断案、专为百姓伸冤除害的清官。他的名字叫包拯，是北宋中期一位有名的政治家。由于他清廉、正直，生前就博得了很好的名声，人们尊称他为包公。

包拯在天长（今安徽天长）任知县时，发生过一起断牛舌案。

一天，一个农夫忽然发现他家喂养的牛嘴里流血，行走气喘。仔细一看，原来是牛舌头被人割掉了。他又恨又急，就去县衙门告状。

包拯看了状词，询问了情况，断定这件事是这个农夫的仇人干的。可是没有凭证，怎么办？包拯暗自思忖，被割掉舌头的牛反正活不成了，就让这个农夫把牛宰了卖肉。他相信这样做，坏人自己就会暴露出来。

按照当时的法律，私宰耕牛有罪。第二天，果然有一个人来县衙告发那个农夫违反法令，私宰耕牛。包拯一听，勃然大怒，厉声喝问道："你干的好事！你为什么偷割了人家的牛舌头又来告人家的状？"这一问好像是晴天霹雳，一下子把那人震呆了，只见他脸色大变，惊慌异常，只好低头认罪。这件事轰动了整个天长县。

不久，包拯升任为端州（今广东高要）知州。端州出产一种名贵的砚台，叫做"端砚"，与湖笔、徽墨、宣纸齐名。端州每年都要进贡一定数量的端砚。从前的知州，总要在朝廷规定的数额之外加征几倍乃至几十倍，用以贿赂权贵。但是，包拯在端州任上，却没有这样做，他只按上贡定额命令工匠制作，当他卸任的时候连一块端砚也没有带走。

因此，民间还流传着这样的传说：包拯离开端州的时候，人们

知道他连一块端砚也没有带走，都赞叹不已，但又感到过意不去。于是，有人用黄布包了一块端砚，偷偷放在船舱里。当船行驶到羚羊峡口（在今广东肇庆附近的西江上）的时候，突然狂风暴雨大作，船走不动了。包拯十分诧异：老天爷为什么要这样为难自己呢？他自信没有做下对不起端州百姓的事。直到在船舱里发现那块端砚，他才明白是怎么回事了，就立即把它投入江心。据说这一来狂风暴雨顿时止息。不久，在包拯掷砚的地方出现一座沙洲，就是那块端砚变成的，人们称之为"墨砚沙"。

后来，包拯到了朝廷任谏官，在谏官任上，他又是一个直言敢谏的诤臣。他曾经三次弹劾国戚张尧佐，七次弹劾鱼肉百姓的王逵。

张尧佐是嫔妃张美人的伯父。张美人长得漂亮，又善于逢迎，很受宋仁宗宠爱，被封为贵妃。张尧佐凭借侄女的力量，也当上了掌管全国财政的最高长官——三司使。一时朝野上下议论纷纷。于是，包拯愤然上书，弹劾张尧佐，指出正当国家财政困难的时候，任用这样的庸人理财，违背民心，会酿成财政危机，后果不堪设想。仁宗皇帝听不进这些话，不久，又加封张尧佐为淮康军节度使、群牧制置使、宣徽南院使、景灵宫使，权力更大了。诏书一发布，朝廷内外都感到震惊。

包拯再次上奏章，怒责张尧佐，并和仁宗当面争辩，言辞激烈得连唾沫都溅到仁宗的脸上。由于包拯和其他谏官不屈不挠的谏争，宋仁宗终于"感其忠恳"，削去张尧佐宣徽南院使、景灵宫使两职，还作出外戚不得担任军政要职、干预国家大事的规定。

但是事隔一年，仁宗皇帝又加封张尧佐宣徽南院使。御史中丞王举正说："陛下滥赏张尧佐，请免除我的官职吧！"仁宗不予理睬。

这时，包拯又上奏章，指出仁宗的偏执，要求让张尧佐出守河阳，不准回京供职，更不许担任使相。仁宗无可奈何，只好表示："以后如升迁张尧佐，就找出包拯这个奏章呈报。"事实上同意了包

拯的请求。

包拯嫉恶如仇，最恨的是贪官污吏。他上过一道《乞不用赃吏》的奏章，要求朝廷罢免贪官污吏，一般不再起用他们，即使再起用，也不让他们担任重要的官职。

有一个臭名昭著的酷吏叫王逵。他任地方官时，飞扬跋扈，随意增派苛捐杂税，一次就多收税三十万贯。他把搜刮来的钱财进奉朝廷，博得朝廷的欢心，却坑苦了当地的老百姓。他任荆湖南路转运使时，许多老百姓被迫逃到少数民族地区的山洞里。被他杀害的老百姓不知有多少，人民对他恨之入骨。当他被调往池州时，当地老百姓几千人聚会庆贺，城里数万家居民接连三天张灯结彩。

就是这样一个酷吏，却官运亨通。不久，又从池州升迁为江西转运使。到了江西，依然是严刑酷法，鱼肉百姓，动辄抓人入狱，判罪充军。

有人告发了王逵的劣行，朝廷下令本路主管司法的提刑司调查处理。包拯上书反对，指出本路提刑司肯定会包庇他。朝廷没有采纳包拯的意见，结果事情不了了之。王逵怀疑告发他的人是前任洪州（今江西南昌）知州卞咸，就制造冤狱，逮捕了卞咸，被牵连的人竟达五六百之多。包拯调查了这个事件，再次上书弹劾王逵，于是，王逵被贬为徐州知州。

但是，王逵和朝中宰相有旧交，没过多久，又被提拔为淮南转运使。对此，包拯气愤异常，又一次上书弹劾他，认为王逵刻暴成性，难以悛改，不能把百姓交给王逵，听任他肆意残害。由于包拯前后七次弹劾王逵，据理抗争，仁宗只好罢免了王逵的转运使的职务。

# 42. 程门立雪

在宋朝的熙宁和元丰年间，程颢和他的弟弟程颐在洛阳设学，宣讲孔孟的儒家经典。黄河与洛河的读书人，都不约而同地去拜他们为师。杨时也慕名到程颢处登门求教。他学习用功刻苦，长进很快。当他学成回家时，程颢感叹地说："我的学术思想传播到南方去了。"

四年之后，程颢死了，杨时听到噩耗，设置了程颢的灵牌，在寝室的门外哀痛地号哭，并且给曾在一起读书的同学们写信，把老师去世的消息告诉他们。

后来，杨时四十岁的时候，为了深造，又去拜程颐做老师。

有一天中午，杨时学习碰到了疑难问题，便和同学游酢一起去请教老师。

他们到达程颐家时，正赶上程颐在睡午觉。他们想，老师讲课很累了，不能把老师吵醒。

为了不影响老师休息，他们就静静地站在大门外边等候。

那天，正巧下起了鹅毛大雪，他们在雪地里站着，任凭雪花飘落在头上、身上。等啊等，手、脚冰得生痛，他们还是悄悄地站在门外，一声不响。

过了很久，程颐一觉醒来，发现学生杨时和游酢不声不响、毕恭毕敬地在门外侍立着，两个人满身是雪，成了雪人了。程颐深受感动，连忙说道："你们二人有什么事？快请进来吧！"

这时，两人才迈步进屋，向老师求教。

此时，门外的积雪已有尺把厚。他俩的全身都挂上了一层白絮，站立的地方留下了深深的脚印。

# 43. 节俭成习

苏东坡是我国北宋时期一位著名的文学家、书画家。他的名字叫苏轼，"东坡"是他的号。作为文学家、艺术家，苏轼的成就是辉煌的，他从很年轻的时候就在文学及艺术方面表现出了极高的造诣，同时，也取得了相当丰硕的成果。

然而，作为政治家来说，苏东坡却一生不得志。他从二十一岁中进士，开始了仕宦生涯后，前后共作了四十年的官。但是，在这四十年中，苏东坡政治上总是受到打击，他曾许多次被贬官，流放。有一回还被抓起来，押到首都汴京治罪。他在晚年还曾被放逐到遥远的广东、广西一带去当小官吏，直到死前半年才被赦回。

坎坷的经历，使苏东坡对社会下层有了更加深刻的了解，同时也使他对封建社会的黑暗看得更清楚。也正因为这样，苏东坡一生，无论是位居高官，还是遭贬放逐，始终追求做人的廉洁正直。

苏东坡在生活方面，坚决反对铺张浪费，他在给友人的一封信中说："口体之欲，何穷之有？每加节约，亦是惜福延寿之道。"这段话的意思是说：肉体上的欲望是没有限度的，然而如果能注意生活节俭，那也算是真正找到了延年益寿的道路。由此，我们可以看到苏东坡对节俭是相当重视的。

公元 1080 年，苏东坡被降职贬官，来到黄州。由于他薪俸大减，再加上遭贬后，旧日那些常来往的亲朋好友，都怕受牵连，再不愿与他来往，更不愿资助他钱财，他的弟弟苏辙又债台高筑，所以，当时苏东坡生活是相当窘迫的。然而，这并没有吓倒苏东坡，他依靠节俭的生活方式最终度过了难关。

为了度过困境，苏东坡非常注意计划开支，从不乱花一分钱。

为此，他还订出了一套特殊的计划开支的方法。这种方法是：首先把所有的收入和手边的钱计算出来，然后将这些钱平均分成十二份，每月用一份；每份中又平均分成三十份，每日只许用一份。这些钱全部分好后，苏东坡把它们统统按份挂在屋梁上，然后每日清晨挑下一包，拿到一包钱后还要计划开支，能不买的就不买，一日下来，最终开支只准剩余，不准超支。剩余下的钱，苏东坡把它们专放到一个另外备好的竹筒中，专门用于家中的意外开支。

这样，日子虽苦，但清苦中倒也自得其乐，他在给好友秦少游的信中，谈到自己在黄州每日计划开支、艰难度日的清苦情境时说："我估计手中的钱还可支持一年有余，到那时再作计划；水到渠成，不需预虑。因此胸中没什么负担。"

苏东坡就是这样，凭着精打细算的节俭生活方式，度过了黄州遭贬后的艰难岁月。

生活在困顿的时候，苏东坡能以节俭度日，生活发生了变化后，苏东坡一样非常注重节俭。他在朝廷中作高官的时候，依然没有忘记过去过的苦日子，生活从不讲究奢华。在饮食上，他给自己立下了这样一个规定：每顿饭只能是一饭一菜，如有客人来，需同他一起进餐时，也只能增加两个菜，不能再多。如果有人请他去吃饭，他也要事先告诉主人，不许铺排，否则，他就拒绝前往。

一次，有一位与苏东坡多年不见的老友，在一个偶然的场合见到了苏东坡。旧友重逢，自然十分高兴。于是，那位朋友便想找个适当的时候，请苏东坡去他家吃饭。苏东坡听说后，一再嘱咐那位朋友，千万不可大操大办，追求排场，只比平时多备几个菜，老友在一起边吃边叙叙友情就可以了。

可是，几天以后，当苏东坡去赴宴时，却发现那位朋友并没有听他事先的劝告，酒席准备得相当奢华。这时，苏东坡很不客气地对他的朋友说："老兄看来并不真正了解我苏东坡。我一向主张厉行

节约，你酒席备得这样奢华、排场，看来根本不是为我苏东坡所备。如此看来，我还是离开的好。"说完，他转身便要告辞。

那位老朋友见东坡这样认真，便解释说："先生说哪里话，先生一向生活节俭，朋友是早就知道的。但这回是例外，我们两位旧友，这么长时间没有相见，今偶得重逢，实在难得，难道不该好好庆贺一番。再说，先生现在正在朝中任职，是场面中的人物，我请先生，若太寒酸了，岂不太失先生身份。所以……"

"所以什么？"苏东坡没等那位朋友再往下说，抢过话头说道："是朋友相聚，就该像朋友那样彼此随便、自然些，不必讲什么排场。现在你让我坐在这些山珍海味面前，一改素日节俭的习惯，我哪里还能吃得下去啊？我虽然在朝中做官，但做官并不意味着可以不节俭。相反，官位高了，更应该注意自律。"说完，他硬是坚持不入席。

苏东坡走后，他的朋友感慨地说："当年东坡遭难时，生活很节俭，没想到如今他身居高位后，还这样注意以俭自守。看来东坡已经节俭成习了。"

苏东坡不但自己十分注意生活俭朴，还十分注意用节俭要求他的亲人。他有一位正在作高官的远亲，生活极为奢华。单是起居时"小洗面"，就要有两个人专门侍候，若是"大洗面"侍候的人要增至五人，如果是"大澡浴"，则要有九个人服侍。并且，"澡浴"之后，还要用名贵的药膏擦身，用异香薰衣服。这人生活如此奢侈，自己不以为耻，反以为是值得荣耀的事情。一次，他在给苏东坡写信时，不厌其烦地夸耀他的"养身之道"。东坡看后，非常厌恶。他在给这位远亲回信时，只简单地写了一个"俭"字。希望他能在一个"俭"字面前有所醒悟，改掉奢华的习气。

苏东坡在朝廷做官时，曾三次担任皇帝侍读。其间，他也常向皇帝进言，讲述以俭治国的道理。他曾把古来君主成功的经验总结

为"六事",其中的一事即为:"讲节俭,简率朴素,不伤民财。"宋神宗时,有一年皇帝颁旨,要大办元宵节,并要用"浙灯"四千盏。东坡感到:当时国库已亏空,民不聊生。神宗这样做是劳民伤财,且有助长社会上追求奢华之风的危险。于是,他连夜起草奏章《谏买浙灯状》,使神宗终于改变了初衷。

# 44. 煮石山农

王冕,号煮石山农。据说他一岁时就会说话,三岁便能与大人对答如流,五六岁时智力已明显高出一般儿童,村里人都称他是神童。

王冕求知欲很强,但由于家里穷,上不起学,七八岁时就开始帮助家里人干活,每天牵着牛出去放牧。有一天,他放牛走过村里的私塾,听见里面传出朗朗的读书声,非常羡慕。他将牛拴在野地里吃草,自己悄悄地溜进私塾听学生们念书,听一句,记一句。就这样,一连听了好多天。有一次,他听书听得太入迷,不知不觉太阳已经落山了。他急忙跑回拴牛的地方一看:糟了,牛已经挣断缰绳逃跑了。他到处寻找,也没找到,回到家时被父亲狠狠地揍了一顿,但父亲并没有叫他再去找。又过了好几天,他听外面有牛叫声,他出门一看,原来是牛自己跑了回来。

可是,对王冕来说,读书的诱惑力实在太大了,没过几天,他却又忍不住跑去私塾听书了。牛没人看,跑了好几次,王冕也因此挨了父亲好几次打。还是母亲看他可怜,劝解他父亲说:"孩子这样痴心,打他也没用,不如就让他念点书吧!"于是给他买了两本书,让他一边放牛一边读书。

转眼几年时间过去了,王冕一边放牛一边读书,遇到不懂之处

就向别人请教。人渐渐长大了，书也越读越多，懂得了很多道理。有一年夏天的一个下午，王冕放牛来到湖边，忽然乌云密布，下了一场雷阵雨。他牵着牛躲进了湖边的一座小庙里。等雨停了，他走出小庙，只见空中黑云边镶嵌着白云，云正在渐渐散开，太阳从云缝里放射出万道金光，照得湖面闪闪发亮。湖里有一片荷花经过这番雨水的冲刷，更显得娇嫩鲜艳；荷叶上滚着晶莹的水珠，绿得似碧玉一般；金灿灿的湖水衬托着那一片片红花绿叶，真是美丽极了。王冕看得入了迷，心里想：古人说"人在画图中"，真是一点都不错。可惜这儿没有一个画家，要能把这些荷花画出来该有多好啊！转念又一想：天下哪有学不会的事情，难道我不能也学着画画吗？

王冕打定了学画画的主意。从此以后，他把聚积的零花钱用来托人到城里买纸墨颜料，而不再用来买书。他每天把牛牵到湖边来放，先怕自己画得不好，就用石头和树枝在地上画，画得不怎么好，但他不泄气，仍然天天画。过了几个月，他画得荷花已经特别好了，他开始用笔往纸上画，他画的荷花越来越好，颜色精神无一不像，于是开始有人来买他的画。渐渐地他在诸暨城里有了名气，就专以卖画为生，后来终于成了元代有名的画家。

# 45. 摘叶著书

陶宗仪，号南村，浙江黄岩县人。他少年的时候很好学，曾幻想着自己有朝一日能官运亨通，光宗耀祖。可当他第一次去参加科举考试落榜而归后才发现，所谓的什么"考试"全是骗人的鬼话，那都是为富家子弟而准备的，穷人家的孩子根本就别想踏进官场。从此，他就抛弃了做官的梦想，回到家中，一边务农，一边自学。

渐渐地，陶宗仪长大了，他的知识也逐渐地丰富起来。他在当地已经小有名气了，但是他自己却并不满足。于是，他二十几岁的时候，就开始到浙江东部一带游学。他到过许多地方，结交了许多朋友，最重要的，还是他拜访了许多有名的老师，像张翥、李孝光、杜本等等，他都拜访过，并从他们那里学到了不少新知识，开阔了眼界。他的诗歌、散文都写得很不错，但是他最拿手的还是书法。他有个舅舅叫赵雍，是个书法家，他便拜在舅舅门下，专习篆字。他的篆字是很有功底的，就连当时的大官僚泰不华和丑驴也对他另眼看待，几次派人请他出山为官，怎奈他执意不肯，方才作罢。

那时候正是元朝末年，朝廷内忧外患，国家政治异常腐败，多次强征民税，老百姓不能安心度日，只好背井离乡，到处流离。陶宗仪也不例外，他在朋友的帮助下，逃难来到了江苏的松江镇。

陶宗仪来到松江以后，靠着教书的一点微薄收入，购置了几亩薄田，利用空余时间种点粮食来勉强度日。虽然陶宗仪是一个外乡来的教书先生，但是由于他非常平易近人，所以村里的人都愿意和他在一起聊天。农民耕地有个习惯，就是在累了的时候，都要跑到田地旁边去喝点水，歇一会儿，尤其是在夏天更是如此。当时，在陶宗仪的田地边上，正好有一棵大树，枝叶繁茂，外面骄阳似火，树下却凉快得很。宗仪先生读书多，见识广，又会讲故事，因此，每到歇息时，大伙都不约而同地聚集到那棵大树下，一边喝水，一边听宗仪先生讲故事。时而捧腹大笑，时而目瞪口呆，完全忘记了劳动的疲劳。等故事讲完了，大伙也休息得差不多了，于是又回到地里继续耕作。

有一天，大家都走了之后，宗仪先生仍坐在树下没有动。他在想："要是我能把这些故事都写进书里，让更多的人都能读到，那该有多好啊！"

可是当时兵荒马乱的，纸张很贵，哪里有钱去买纸啊！宗仪先生正在苦思冥想，这时，突然一阵风起，几片树叶随风而落，正好

落到宗仪先生的脚下。他望着脚下的落叶，忽然灵机一动："唉，唐朝不是有'红叶题诗'的佳话吗？我何不也学一学呢？"

他高兴极了，赶忙起身，拾了一些树叶，跑回家中，取出砚台，提起笔就开始在树叶上写起来。一叶，两叶，三叶……

从此，宗仪先生每天下田都要捡回一些树叶，把自己所记得的，或者从别人那里听来的奇闻异事都记在树叶上面，并压平、晾干。时间长了，树叶多了，他就把树叶放进一个罐子里，埋在院中的地下。就这样，宗仪先生十年不辍，写出的树叶共装满了十几个罐子。后来，在学生的帮助下，他把这些罐子挖出来，再加以整理，编成了《南村辍耕录》三十卷。在这部书中，琴棋书画、字帖碑刻、语言文字、种植技术、风土人情、历代掌故等等，都有记载，可说是无所不包。人们所熟悉的纺织家黄道婆的故事，就是他记录在这部书中的。《辍耕录》对于研究古代生产、科技、经济、政治、历史、文化等，都有一定的参考价值，历来为学术界所重视。书成以后，宗仪先生仍不满足，重新对原书做了修订，又编成《说郛》、《书史会要》、《四书备遗》，都流传于后世。

# 46. 让地三尺

忙过了一天公务，明朝礼部尚书杨翥缓步走出衙门。春天的暖风吹来，使人感到舒适、惬意。他伸伸懒腰，吩咐等在衙门口的佣人："回府。"佣人们连声应道："是，老爷。"

杨翥登上轿子坐下。此时，他才感觉到有些疲劳。他微微闭上眼睛，不大功夫，竟进入了梦乡。

忽然，一阵争吵声使他惊醒了。他抬起头，伸手撩起不大的轿子窗帘向外看。原来是路旁两个中年女人吵架。那吵架的女人一胖一瘦，两个人怒目而视，互不相让。胖女人指着脚下的地喊："想占我家的地，妄想！"瘦女人同样指着脚下的地，喊："你家的地？谁说的？分家的时候，明明分给我家的，现在怎么会成了你的！你不是在做梦吧？"胖女人冲上去，一把揪住瘦女人的衣襟，推推搡搡地说："你说什么？分家时分给你了？胡说八道。公公的话我记得清清楚楚，说这片地分给我家。你的脑子让狗吃了？"瘦女人不甘示弱，也伸手揪住胖女人的衣襟，说："你放开手！"胖女人说："我不放开！你不讲理，我饶不了你！"大概轿夫也被吵架的女人吸引住了，脚步越走越慢。

杨翥明白了，这两个女人是妯娌，为争脚下土地而争吵，眼看越吵越烈，快要打起来了。他叹了口气，自言自语说："唉，这是何苦呢！"他很想停下轿子，下去劝一劝那两个女人，为了一点小事不要争吵不休，更不该动手打起架来。可是他的身份，又使他打消了下轿的念头。是啊，作为当今礼部尚书，怎好为妯娌打架而抛头露面呢！

轿前开道的人正要去呵斥那两个吵架的女人时，突然从屋后跑出一个中年男子。他一把拉住胖女人，说："受了什么魔，疯疯癫癫与人家争吵？真不像话！快放手！"胖女人放开手。那男子瞪了胖女人一眼，说："快回家去。"胖女人悻悻地转身离去。那男子又向瘦女人说："嫂子，请原谅她，她做得不对。不管当初爹活着的时候怎么说的，这块地您尽管用。"那瘦女人望着那连连道歉的男子，忽然呜呜哭了起来，说："好兄弟，我不是要争这块地，我是要争这口气呀！其实，用不用这块地，没什么要紧。只怪我心眼儿小，与弟妹争吵，望兄弟不要见怪。"那男子点点头，说："自从哥哥病逝以后，嫂子拉扯着侄儿们，也不容易。嫂子不要再说了，这地您用吧！"听到这里，杨翥掀开轿帘，对开道的下属说："往前走，不要管他们了。"看到那个大度豁达的男子，杨翥心中称赞说："好！好！"

又走了半里路，杨翥到了家。他先到书房歇息了一会儿，等待吃饭。不大功夫，夫人走进书房。杨翥抬头，笑着问："夫人来请我吃饭？"夫人摇摇头，说："饭还没有做好。老爷，我来是有事相告。"杨翥说："夫人请讲。"夫人向前走了几步，说："本来不想将这些杂事告知老爷，可此事不讲，又觉不妥。大概是因为春天到来，许多人家动土，或种植，或修建。咱家西侧邻居今日修了一条篱笆，占去了咱家宅地一二尺。"听到此处，杨翥笑了，心中说："真是巧合，今日路上亦遇到此类之事。"

夫人接着讲："按说，邻人多占我家宅地是不对的，可是，可是——""可是什么？"夫人犹豫了一会儿，说："我意是说，区区一二尺地，我们就不去计较了，不知老爷以为如何？"听了夫人的话，杨翥笑了，说："夫人所言甚是，我赞成。"夫人也笑了，说："我看出来了，你又要诗兴大发，写首新诗了。"

杨翥点点头，说："夫人猜中了，我有四句诗，待我写来，请夫人指教。"

说罢，杨翥提笔铺纸，写下了四句：

余地无多莫较量，一条分作两家墙。

普天之下皆王土，让他三尺又何妨。

# 47. 侍奉常母

杜环，明初官吏，金陵人。他好学工书，深受朱元璋赏识。

杜环父亲杜一元有位朋友，是兵部主事常允恭。允恭在九江死了，家境衰败。允恭的母亲张氏，年已六十多岁了，在九江城下伤心地痛哭，哀伤自己无人奉养。

有认识常允恭的人，可怜张氏年老，告诉她说："现在的安庆太

守谭敬先,不是允恭的朋友吗?为什么不去投奔他?他见了您老人家,念及与允恭旧有的交情,一定不会丢开您老人家不管的。"

老夫人遵从这个人的指点,坐船到了谭敬先处。可是谭敬先竟婉言谢绝,不肯容纳。

老夫人处境非常窘迫,想到允恭曾经在金陵做过官,亲戚好友或许还有存在的,也许能有点希望。于是她跟随别人到了金陵,打听了一两个人,却连一个熟人都没有找到。

老夫人没有办法,只好打听杜一元家在什么地方,她想,杜一元或许还健在吧?一个老道人回答她说:"杜一元已经死了很久了,只有他的儿子杜环还在。他的家位于鹭州坊中,门口有两棵枯树可以辨认。"

张氏穿着破旧的衣服,冒雨走到杜环家。此时杜环正陪着客人,见到常母这副样子非常惊讶,好像曾经见过她的面。因此试着问道:"您老人家不是常老夫人吗?为什么竟到这种地步?"

常母把过去的遭遇哭着告诉他,杜环也流下了眼泪。

杜环扶着老人坐下,对老夫人行了晚辈之礼,又呼唤妻子和孩子出来行礼。

杜环的妻子马氏换下常母的湿衣服,又拿出自己的衣服给常母穿,捧出粥让常母吃,抱来被子让常母歇息。

常母打听起平素较为亲近的、情谊深厚的老朋友和她的小儿子常伯章的下落。杜环知道老朋友没有生存于世的了,不能托付;又不知常伯章的死活,只好婉转地安慰常母说:"天正下雨,等雨停了,我再替您老人家打听一下他们的近况。假若没有人侍奉您老人家,我家即使再贫穷,也要奉养您老人家。况且我父亲和常老伯亲如兄弟,现在您老人家贫困窘迫,不到别人家去,投奔到我们家来,这也是两位老人在天之灵把您老人家引导来的啊!希望您老人家不要有其他的想法了。"

当时正值战后，年成不好。一般人家亲生骨肉之间都不能保全。常母见杜环家也不富足，雨停后坚持要出去，寻找其他朋友。杜环只好派了一个仆人陪着她同行。

到了天黑，常母果然没有遇到熟人，只好返回，才安心住下来。杜环买了布料，让妻子替常母缝制衣服被褥。

杜环一家人，都像对待母亲一样的侍奉老人。常母性情急躁，稍有不满就生气谩骂。杜环私下告诫家里人，要顺从她的心愿，不要因为她处境艰难就轻视、怠慢她，跟她计较。

常母患老年疾病，杜环亲自替她煎药，送勺匙、筷子。因为常母的缘故，一家人都不敢大声说话。

过了十年，杜环做了太常寺的赞礼郎，奉皇帝的诏令，到会稽举行祭祀。返回时，路过嘉兴，正遇上张氏的小儿子常伯章。杜环悲伤地告诉他说："您的母亲住在我家，日夜想念您，都想病了，您不能不早点去见见她。"

常伯章却说："我也知道这情况，只是因道远不能去罢了。"

杜环回到家，又过了半年，常伯章才来。

这一天，正是杜环的生日。常母看到自己的小儿子，母子互相搀扶着放声大哭，杜环家里的人认为这样做不吉利，要制止他们。杜环说："这是人之常情啊！有什么不吉利呢？"

过了些日子，常伯章看到母亲年老，怕不能走，竟然谎称要办其他事情，辞别而去，再也没有回来看望母亲。

杜环侍奉常母更加慎重小心。然而，常母思念儿子伯章，病情越来越重，过了三年，就去世了。快要断气时，常母指着杜环说："我拖累你了，我拖累你了！祝愿你的子孙都像你这样忠厚善良。"说完就断了气。杜环备办了棺材和套棺，隆重地安葬了她，每年还按时节去墓前进行祭祀。

# 48. 铁面无私

在明朝277年的历史上，海瑞是一位富有传奇色彩的人物。在官场上，他是奸臣权贵讨厌的刺儿头，不通情达理，铁面无私；在民间，他是备受百姓崇拜的英雄。他在民间的实际影响，甚至超过了当时的宰相和皇帝。

海瑞进入仕途的资格是举人出身。按明朝吏部的规定，就是做名小小的知县，也得是进士出身。因此，当海瑞做浙江淳安县知县的时候，已经熬到四十五岁了。

淳安县是三省交通的要道，过境的官员及其随从所需的食物、马匹、船轿挑夫，都由县民负担。于是，过境的官员越多，老百姓的负担越重。如果不顾百姓的死活，在这个交通要道上做县官，巴结讨好上司的机会也很多，容易获得升迁的机会。

海瑞一做官，处世和治事的作风就异乎寻常。

一次，京城里派出左副都御史鄢懋卿到浙江视察。鄢懋卿惯于敲诈勒索，收受贿赂，这次又是以钦差大臣的名义到地方巡视。这个贪官每到一地之前，先派人发出通知，声称，"自己的喜尚简朴，讨厌奉迎。地方官府迎送一切从简，不许铺张浪费，增加老百姓的负担。"这样做实际上是一箭双雕，表面是标榜自己俭朴，以此可以沽名钓誉，实质上是通知你为他的到来作好进贡的准备。地方官都知道其中的奥妙。鄢懋卿一路上花天酒地，光收到的"孝敬"钱就有几千两银子。

海瑞接到鄢懋卿的通令后，知道鄢大人也要到淳安来搜刮一番。海瑞是一个公正而廉洁的官员，为国尽忠和为公众服务是他年轻时就立下的志向。他对这类投靠权臣严嵩发家，贪婪无厌的官吏深恶

痛绝。海瑞也看出这个鄢懋卿是个狡猾的贪官，发下所谓的"通令"只是官样文章，目的在于防备地方官抓他的小辫子弹劾他。

海瑞想：其他地方的县令怎么做我管不了，但是，休想在我管辖的淳安县捞到一文钱、一寸绸缎。让你鄢大人知道，大明王朝还有像我海瑞这样不买账的清廉官吏。

海瑞决定顺水推舟，借鄢懋卿发下"一切从简"的通令，给鄢大人一个不大不小的难题。

当鄢懋卿启程赴淳安的前一天，他接到署有"严州府淳安县知县海谨禀"的公函。这鄢懋卿是第一次当钦差大臣，沿途不断地接到下属呈递的公函，起初还亲自过目看看，从那些阿谀逢迎之词中品味做钦差的尊贵，陶醉一番。一路南下，他很快就对地方官场的那套奉承麻木了，对这类公函不再像以前那样亲自过目，只是要属吏读给他听一听罢了。

海瑞呈递的公函却使鄢懋卿气急败坏。公函上说："我接到您发下的通令，要本县迎送招待一切从简。可是，据我属下打探的消息，您所路过的地方，都设盛宴款待，每次宴席花费三四百两银子，而且还有不少人将金银绸缎在宴席上奉献给您；下榻的住处也极为华丽铺张，别的不说，连尿壶都是银子做成的。这使我很为难，按您的通令办，恐怕怠慢了您，对您不恭；像各地一样铺张奢华，又怕违背了您下达的通令。请您决定该怎么办，并迅速通知本县，以便按您的要求准备。"最后，海瑞还写道："朝廷大臣如果不能拒绝地方官的阿谀恭维，接受重金厚礼，势必无法做到公事公办，完成皇上委托的重任！"

鄢懋卿心里盘算起来：要我白纸黑字地写明他们该怎么迎接？如果说按其他地方一样办，不就为他留下了告发我的证据吗？可按通令办，我去淳安县一趟又有什么甜头呢！

这次千里之行，鄢懋卿还没有这么难受过。他明白，自己的把

柄已被海瑞抓住了。想来想去，又有些害怕。最后绕道到别的地方去了，没敢进淳安县一步。

海瑞在淳安做知县时，顶头上司是浙江总督胡宗宪。胡宗宪是一名文官，他投靠严嵩后才出任总督，肩负防御倭寇的重任。他做事雷厉风行，又集军政大权于一身，境内的官员和百姓都十分畏惧他。

有一次，胡宗宪的儿子带着一大帮随从和行李路过淳安县，住在县城的驿站里。海瑞曾经给驿站立下一条规矩：不管是哪一级官吏，都不准额外破费，一律按普通客人招待。驿丞接待胡公子，照旧如此。

胡公子平时养尊处优，横行霸道，远近闻名，别人怕他都来不及，可在淳安，县官不来巴结他，驿吏也把他当普通客人对待，他骄横的脾气就上来了，再一看饭桌上的简单饭菜，气得掀了饭桌，砸了门窗，还叫随从把驿丞绑了起来，吊在屋梁上抽打，骂他有眼不识泰山。驿吏吓得跑来禀告海瑞。

海瑞早就风闻胡公子为非作歹的劣迹，现在竟在淳安县无理取闹，吊打驿丞，海瑞决心认真地收拾一下胡公子。

听完驿吏的报告，海瑞便命令衙役皂隶去拘捕这位公子和他的随从，带到公堂上审讯。

那胡公子一上堂，口口声声称自己是胡公子，暴跳如雷，还威胁海瑞。海瑞喝道："总督大人一贯要求下属奉公守法，自己也为人表率，哪里会有你这样胡作非为的儿子。你敢假冒胡公子，威胁本官！来人，给我打二十大板！你若不服，我还要从重惩办。"胡公子从小娇生惯养，哪里受过这种罪，挨过板子，嘴也不硬了，像泄了气的皮球，乖乖在供状上认罪画押。海瑞还没收了胡公子随身携带的大量银两。

第二天，海瑞命令衙役把胡公子押解到总督衙门，并让他们带

去呈报总督的公文。

胡宗宪一见儿子的狼狈相，知道他吃了大亏，十分心疼，怒气冲冲地打开海瑞禀告的公文，只见上面这样写道："此人自称胡公子，非法损毁驿站的公物，吊打驿丞。现押解至总督衙门，请您查实后发落。我认为，这是一个假冒胡公子的刁民，因为胡大人廉洁清高，不可能有这样骄横的花花公子，也不可能随身带着那么多的金银财物。"

胡宗宪看完信，有苦说不出，承认是自己的儿子，事情张扬出去，反而有损自己的威望，只好将这口气往肚里咽。

在严嵩当道的时候，海瑞敢于反抗严嵩的亲信、自己的上级，很需要勇气，海瑞忠于职守和正直的声名也在朝野受到了人们的广泛注意和赞赏。

过了二年，严嵩被皇帝免职，他的党羽相继倒台，鄢懋卿和胡宗宪也被削职。海瑞在他们当权的时候就敢于和他们作对，因此声望大增，升任为户部主事。

海瑞一生抱定为国尽忠、为民请命的宗旨。自到京城做官，对嘉靖皇帝的昏庸荒惰和官场的腐败看得很多。嘉靖皇帝长期不上朝，只在宫中设醮并向道士求长生的秘方。尽管他不了解朝政，但是，朝廷的大事他仍然主观独断，还容不得任何人提出不同的意见。如果他决定的事情办糟了，就杀一个昔日的亲信推卸自己的责任，平息舆论。还自以为圣明如尧舜一样，这样一来，朝政日非，纲纪不振。

海瑞对这一切忧心如焚，经过慎重考虑，他向嘉靖皇帝递上了震惊朝廷的奏疏。奏疏中指出："现在官吏弄权狂法，贪污腐化，宫廷无限浪费，徭役赋税沉重，各地盗匪滋生，皇帝本人应负直接的责任。皇帝天天和方士混在一起求长生不老之术，是捕风捉影，痴心妄想。陛下已经成为一位虚荣、残忍、自私、多疑和愚蠢的君主。"奏疏中最刺激嘉靖皇帝的话是："普天下的官员和百姓，很久以来就不认为您是正确的！"

海瑞的奏疏极端尖辣，但又恪守人臣的本分。这样的奏疏，在明朝历史上是没有先例的。指责皇帝的性格，否定他所做的一切，等于说皇帝是尸位素餐，这比唐朝魏徵的劝谏还激烈。

海瑞自知保不住性命，在递奏疏前，他就买好了一口棺材。召集家人诀别，仆人们也都吓得逃散了。

嘉靖皇帝读了奏疏，把奏疏使劲摔到地上，愤怒地嚷道："抓住这个海瑞，别让他逃跑了！"

一位知内情的太监急忙跑下禀奏说："这个人是有名的书呆子，听说他已经在上奏章以前就买好棺材了，现在正在家里等死呢，他是不会逃跑的。"

嘉靖皇帝听完，长叹了一声，从地上拾起奏疏又读了几遍。过了两个月，嘉靖皇帝才下令把海瑞抓了起来。刑部判了绞刑，可嘉靖皇帝始终没有批复。

十个月后，嘉靖皇帝死去，海瑞才被释放出来，又继续他为民请命、报效国家的政治生涯。

# 49. 笼鸡榻侧

在浙江浦江县一带，流传着一个明代大学者宋濂以模范行动影响学生"笼鸡榻侧"勤学的故事。

宋濂在浦江东明书院任教时，有个叫郑洧的学生读书极不用功。有一次，宋濂让他背诵《诗经》，他断断续续地背着，背不下去了，眼睛就偷偷地往手掌上溜。这一作弊行为马上就被发觉了，宋濂用严厉的目光瞪了他一眼，郑洧红着脸低下了头。当天夜里，郑洧由父亲领着前去向先生检讨、道歉。父子俩冒着凛冽的寒风来到宋濂的住宅——青萝山茅庐。走进门，只见宋濂正在残烛的微光下，用火炉烤着结了冰的墨砚，虽然双手冻得通红，可还在一笔一画地批阅文稿。

郑洎见此情景，两颗泪珠溢出了眼角。他咬紧嘴唇默默地回到家里，向母亲要了个鸡笼，将家中那只报晓的大雄鸡关了进去，然后放在床榻侧旁。黎明前雄鸡一唱，他便翻身下床，捧卷苦读。从此，郑洎进步很快。

宋濂一生勤奋治学，不愧为人师表。他小时候家里很穷，买不起书，只得到附近有藏书的人家登门求借。回家之后，立即动手抄录。不管寒冬腊月，还是酷暑炎天，他都坚持抄书，毫不懈怠。冬天，有时砚池里结了厚厚的冰，手指冻得不能伸直，他也不肯烤烤火，为的是不延长借书期限，免得以后别人不愿再借。附近的邻居见小伙子蛮讲信用，说好什么时候还书就什么时候还，因此，凡是宋濂来借书，都有求必应。不几年，宋濂就把附近的书都借遍了，自己家里俨然成了一个小小的手抄本图书馆。

到了 20 岁，宋濂的求知欲更旺了，他感到虽然读了不少书，但没有名师指点，许多疑难问题得不到解决。于是，他便只身出门访师求学。

其时正值数九寒冬，他脚穿草鞋，肩背行李，在冰天雪地的深山峡谷中艰难地行走。路上的积雪数尺深，脚冻得裂了很深的口子，殷红的鲜血一滴一滴地印在雪路上，他仍咬紧牙关坚持向前走。等到了旅店歇息的时候，双脚已冻得不能动弹了，别人替他用热水烫上许久，才慢慢恢复知觉。他住在旅店里，每天粗茶淡饭还不能吃饱，更不用说鱼肉荤菜了。然而，生活上的苦楚，丝毫也影响不了他求师的急切心情。

有时访到名人门下，那儿已有许多富豪子弟在听讲，他们穿绫

罗绸缎，戴朱缨宝饰，佩白玉珮环。宋濂则粗布敝衣，侍立在后面。有时他小心翼翼地提出一些疑问，向老师请教，遇着老师不耐烦，训斥他一顿，他就恭恭敬敬地低着头听着，一声也不敢吭。老师见他色恭礼至，便平息了怒气。等到老师心平气和之后，宋濂马上又继续质疑问难。

就这样，宋濂在名师的指点下，勤奋苦读了多年，终于成了当时一位才学渊博的大学者。他不仅主修了《元史》，而且有《宋学士文集》等名著流传后世，在学术上做出了杰出的贡献。

# 50. 镇守北疆

明朝隆庆六年（1572）的冬天。明朝北部边防重镇——蓟州镇。

白雪覆盖的崇山峻岭间，新修筑的长城，在山顶上蜿蜒曲折，四周一片寂静。

一天，长城之外远远的山头上，突然出现一支前来袭击的骑兵，长城上顿时警号齐鸣，烽火大举。士兵们全副武装，迅速登上敌台防守。越来越多的骑兵开始大举进攻，经过激烈地战斗，他们突破边墙，开始向内地进犯。救援的明军纷纷赶来，有的在前围攻，有的包抄敌军后路，有的扼守险要之处。精锐的战车营出动了，向敌军猛烈发射火器。不久，骑兵突出，所过之处刀光闪闪，蹄声动地。最后，敌军终于支持不住，开始败退了。长城上响起了收兵的号角，战士们烈队回到营地。

原来，这是一次大规模的军事演习。演习进行了二十来天，参加的士兵在十万以上，前来检阅的朝廷官员——兵部右侍郎汪道昆自始至终观看了这次演习。他看到各路大军旌旗招展，将士们精神抖擞，武艺高强，十分满意。而指挥这次大规模军事演习的是蓟州

镇总兵官戚继光。演习非常成功，戚继光十分振奋。

五年前，朝廷调戚继光任蓟州镇总兵官。蓟州镇是明代有名的北方九边之一，也是明朝边防最薄弱最危险之处。戚继光年轻时，数度戍守蓟门，对这一带情势他非常熟悉，也很有感情。后来，他虽然调往浙江，在东南抗御倭战场上驰驱了十余年，可是心中却一直没有忘记北方，总是向往有朝一日率领十万之师，出塞千里，打一场大仗，做出轰轰烈烈的事业来。如今，与千古英雄争豪杰的机会来了。

然而，当戚继光奉命离开抗御倭寇的东南前线，来到黄沙盖地、荒草萋萋的塞上时，面临的却是一个很困难的局面：一方面，北边鞑靼骑兵不断南犯，边塞时时告急；另一方面，边军军纪涣散，武备松弛，致使百姓避难他乡，沿边一片荒凉。

经过十几年抗倭战争的实际锻炼，戚继光已经成长为一个卓越的军事将领。他实地视察了防区内的军队、武器装备和防御工事后，对于如何整顿边防，已经胸有成竹了。

一天，他把手下的将领召集起来，向他们宣布考虑成熟的方案。

他说："眼下之事，千头万绪，我们首先应整修边墙。边墙是我们最基本的防御工事，现在的边墙太低矮，墙体又很薄，加之常年没有修缮，许多地段已经倾颓坍塌，根本无法阻挡鞑靼骑兵的武装进犯。"

将领们边听边点头。戚继光接着又说："这次整修边墙，一是要加高、加厚原有的墙体，墙的两面都要开设垛口，最重要的地方还要修筑重墙。二是要增筑敌台三千座。"

戚继光话音刚落，就听有人惊叫起来："三千座敌台！那得造多少年？"

戚继光嗔道："怎么，还未动手，便畏难不前了？想想祖上创业的艰难，我们不更应勤勉吗？就算修十年吧，我们虽十年辛苦，却

是百年受益，造福无穷啊！"

有的边将摇着头说："边墙再坚固，也不能阻止鞑虏的进攻，这已为历史所证明，还是不要浪费人力物力为好。"

戚继光耐心地解释说："过去的边墙不仅太低、太薄，而且只有砖石小台，相互间不易联络，又无法贮存火药。兵士暴露于台上，敌人居高放箭，则无处藏身，因而一击即溃。如果建造成空心敌台，就可以消除上述弊病。"

为了用事实教育众人，不久，戚继光亲自规划、严格督造了七座空心敌台。随即又组织士兵作了一次示范演习。当士兵望见烽火后，立即登城迎战，施放箭铳，使敌骑无法接近台墙，一旦敌人越过边墙，士卒便入台坚守，牵制敌人，使敌人不敢深入。

那些持怀疑态度的将士见了，这才信服。

从隆庆三年春天起，戚继光开始调配士卒，准备进行艰巨地筑台、修墙工程。

可是，这时摆在戚继光面前的另一难题是：这些边军士兵一向没有受过严格的训练，突然要他们遵守军法，认真地防守边境，并且还要从事修建艰巨的防御工事，实在是不容易的事情。戚继光想起他原来为抗御倭寇在浙江招募并训练的军队，号令严明、能打硬仗，便决定调浙兵来蓟镇。

没过多久，三千浙兵到了。军队到达那天，正下着倾盆大雨，由于没有接到命令，浙兵排列郊外，从早到晚，直立如林，虽然个个淋得透湿，可是军容却十分严整。边军看到这个情况，大为震骇，才知道戚继光治军果真严格，从此再也无人敢于以身试法，轻易干犯军令了。

戚继光还以他自己的实际行动在将士们面前树立起一个刚毅果敢的军人形象。他是一个精力旺盛、不知疲倦的人，经常参加士兵们的操练。

　　一次，在对部下将领讲解各种近战武器的利弊时，他当场命令一个下级军官用军刀对他作攻击，而他自己则从一个士兵手中拿过一支长枪进行防御。

　　他经常巡视各部，一次，驰马跑到长城以外二十里，周围没有一个侍卫。

　　他还攀着悬绳，登上设在绝壁上的观察所。

　　渐渐地，全军上下有了统一的号令，有了严明的纪律，有了卓有成效的训练。同时，边墙和敌台的修筑工程也顺利地展开了。

　　到隆庆五年的秋天，霜叶染红了巍峨的山岭，经过两年多紧张而艰苦的劳动，在东起山海关，西到镇边（今北京昌平县西）的两千里长的防线上，矗立起 1007 座雄伟的敌台。这些敌台随着地势，高下相间，蔚为壮观。由于戚继光十分注意节省，全部工程只用了 10 万缗（每缗一千文）钱，比起原来估计的造价 120 万缗来，节约了 110 万缗。

　　敌台完工后，戚继光在每座敌台上配置了固定的台军，又著《哨守条约》，令各台官兵传习，时刻提防边警。同时，规定了传烽之法，如有敌情，传烽为号。为了便于守台军士记忆，又把各种敌情信号编成通俗顺口的《传烽歌》，让守军背诵记熟。这样，一有警报，三个时辰之内就可以传遍蓟州镇整个防区。

　　经过戚继光的努力，这一带的边防十分巩固，每次朝廷大臣巡边检阅，蓟州镇军容之盛，总是为诸边镇之冠。鞑靼再也不敢轻易进犯了，边塞内出现了太平景象。

# 51. 怒打舅舅

　　明朝嘉靖年间，我国沿海一带时时受到倭寇的残暴侵扰。他们勾结汉奸，抢劫烧杀，无恶不作。

四月十六日，倭寇在通倭的奸民带领下，在山东半岛上岸作恶。村民中大多数人逃走了。有少数来不及逃走的，都被围堵在村外打麦场上。倭寇惨无人道地先将十几个老人、男子杀死，然后拷打一位老奶奶，逼迫这位老人说出村子埋藏金银珠宝的地方。老人摇头，说："没有金银珠宝，我们都是穷苦百姓。"倭寇不信。凶恶的首领命令说："把她钉到树上！"说着，跳出几个身高体壮的家伙，连拉带拽，将老人四肢分开，把大钉子钉在老人的手脚上。老人痛苦地呻吟着，不一会儿，就晕死过去了。

那首领看到一个女人怀中抱着不到三岁的娃娃，狰狞地一笑，夺过娃娃，摔在地上，然后挥起大刀，一下子剖开了孩子的胸膛。哈哈大笑的首领对几个部下喊："掏出他的心脏，做熟了下酒！"孩子的妈妈哭喊着冲上来。那首领对举着火枪的枪手使了个眼色。"砰——"火枪响了。孩子的母亲应声倒下。

几个村民看到这种景象，实在忍不下去，在一个叫杜大海的老人率领下，高喊："报仇啊——"喊着，冲向倭寇。他们赤手空拳，去抢夺倭寇手中的武器，去打，去掐……但寡不敌众，全部村民都被杀死了。倭寇把村子洗劫一空之后，放了一把火，之后，扬长而去。

直到第三天，乡亲们回来后，才从死人堆中发现杜大海老人还有一口气。老人被抬进一间残破的屋子里，他嘱咐乡亲们说："快，去报告戚继光戚大人，让他为乡亲们报仇……"老人伤势过重，最后还是死去了。

倭寇侵扰与暴行的消息传到登州府戚继光耳中时，戚继光大怒。他说："倭寇太可恶了！不除倭寇，誓不罢休！"

戚继光，明朝嘉靖七年（1528）生于山东一个世代担任武职的将门之家。他祖籍安徽。元朝末年，他的六世祖戚详曾跟随朱元璋首义，转战南北，立过大功，后在征云南时阵亡。朝廷为追念其功，授子戚斌为明威将军，世袭登州卫指挥金事。

戚继光继承登州卫指挥金事的职务时，才*17岁*。*17岁*的戚继光虽然袭职当官，但他不忘学习。他在家中堂前的柱子上刻写一副对联，用来激励自己。对联是：功名双鬓黑，书剑一身轻。这楹联的意思是：除了书籍（文才）、宝剑（武艺）外，我再也不求别的人。

他立志要趁年轻时，为国家建立功业。

戚继光个子并不高大，但英气勃勃，不畏劳苦，不求私利，猛于进取，洒脱豪爽。在他*21岁*那年，曾被推举为中军指挥官，率山东六卫所远戍蓟门。一连五年，"一年三百六十日，多是横戈马上行"，战斗在北方边防前线。他的卓越指挥才能，高尚的人品，获得了各界的称赞，被誉为"国士"、"将才"。

嘉靖三十二年，也就是戚继光*26岁*时，升任了署都指挥金事，负责山东抗倭事宜。他一上任，便整顿队伍，加强防卫。但是，因为长期以来，军中松散，将士们对新上任的*26岁*的指挥官也不了解，没有把他放在眼中。

恰巧，在这些将校中，有一位戚继光的远房舅舅。这位舅舅自恃是长辈，常常违犯军纪，拒不服从命令。这几天，戚继光连续接到几处报警。倭寇时而海岛，时而沿岸，杀人抢劫，无恶不作。为了知己知彼，戚继光想派几路人马去对沿海防御情况做些调查。

他喊来了那个远房舅舅，对他说："命你到即墨一带卫所了解情况，将倭寇来犯，以及内奸活动探明来报。"

那舅舅抬头望望戚继光，说："近日舅舅有些私事，脱不开身，就先派别的人去吧。"戚继光皱皱眉头说："军务重任，怎好讨价还价！请你执行军令。"

那舅舅十分不高兴，嘟囔说："哼，真是官大压死人，压到舅舅头上来了。好好好，去就去。"

　　戚继光见他嘟嘟囔囔，说："你嘟囔什么？执行军务，不可马虎！"

　　那舅舅气哼哼走出房子。回到营房，早就把戚继光的话丢得一干二净。

　　三天以后，有人报告戚继光，他舅舅没有执行命令。

　　戚继光大怒，召他来，当众斥责说："太不像话了！重任在身，怎能视同儿戏！像你这样，怎样保卫家国！怎样战胜倭寇！你说，你该当何罪？"

　　这时，舅舅才感到问题严重了。他吞吞吐吐地说："舅舅知道错了，下次注意。"

　　戚继光大声说："住嘴！军营之中，哪有什么舅舅！违犯军令，谁也不行！来人，重责十五军棍！"站在一旁的众多将士们以为戚继光发发火、斥责一下他的远房舅舅也就行了，没想到要真的执行军法，都劝道："戚大人这次就饶了他吧！"戚继光摇头，说："不！军中无戏言，打！"军法执行完毕，军营中人人赞扬戚继光。那些为军纪松弛而担忧的将士们说："好，太好了！有戚大人率领我们抗倭，不怕打不败倭寇！"那些平日无视军纪的人，心中个个打鼓，也都说："戚大人连舅舅都处分，何况我们呢！还是小心些为好！"

　　晚上，戚继光来到舅舅的住房，对愁眉苦脸的舅舅说："白天执行军法，公事公办，望舅舅谅解。外甥我若有其他错处，我向您赔礼道歉了。"他舅舅连忙跪在地上，恳切地说："现在我知道你秉公执法，今后再也不敢违抗你的将令了！"从此，军营发生了很大变化。

　　在戚继光的严格训练下，军队连续打了几次胜仗，使倭寇闻风丧胆。

# 52. 七品县官

郑板桥是清朝康熙年间的秀才，雍正年间的举人，乾隆年间才考中了进士。中了进士，才有做官的资格。但官额有限，郑板桥等了四五年，才补缺做了个七品县官。这时，他已经五十岁了。

乾隆七年（*1742*）春天，郑板桥来到山东南部的范县（今山东省范县西南）当县令。

郑板桥青年时代就有治国安邦的志向，几十年来受尽科举制度的折磨，为的是要把修身、齐家、治国、平天下的儒家思想付诸实践。虽然五十岁才当上小小的七品县官，毕竟也是治理一邦的父母官。他想效法历史上的名臣，真正为老百姓办些实事，实现自己多年来的政治抱负。

范县是个偏僻的小县，全县不过十万人口。郑板桥上任后，以"为政清廉"自励。他外出巡察，做派与一般官僚不一样：不坐大轿，不带衙吏，不敲扰民的鸣锣开道。

他喜欢微服私访民情，到集市上逛一逛，在茶馆里坐一坐，在田边地头看一看，从中了解到老百姓心里想些什么，他们需要什么，对他治理范县很有帮助，使他发布的政令能想老百姓所想，急老百姓所急，很受老百姓的欢迎。

郑板桥治理范县勤政廉洁，投诉案件从不积压，断案公道，下属官吏从不扰民，豪绅不敢称霸乡里。县境内，百姓安居乐业，风俗淳朴，道不拾遗，夜不闭户。百姓对这位县官十分敬重，每到一处，男女老少都争着迎上前去拉他到家里做客，和他叙家常。郑板桥从心里感受到做一名清官的乐趣。

郑板桥在范县的政绩远近闻名，五年之后，他被调到山东潍县

做县令。

潍县是一个中等商业城市，当时有"小苏州"之称。因为潍县是个富县，什么知府、巡抚、钦差大臣便不时地到这里来敲敲县官的竹杠。县官心里也明白，上司在我这里敲去，我就加倍地从老百姓身上刮回来，既巴结了上司，留个后路，又可以找出名目为自己捞钱财。

郑板桥在上任之前已经知道潍县的县令难当，要保住乌纱帽，就得折腰媚上，敲诈老百姓；要做清官，为民造福，伸张正义，随时可能丢掉乌纱帽。但是，他未做官时就痛恨官吏贪赃枉法，现在自己当了官，就要与世俗的恶势力抗争，决不同流合污！

一上任，他就向县衙的官吏宣布："不准贪赃枉法，鱼肉百姓，违者严加查处，决不留情。"前任县令留下了不少积案，大多是因为富商豪绅买通官吏而迟迟未作处置造成的。郑板桥只用了一个月的时间，就将积案一一判明，惩治了一些平日横暴乡里的恶霸，罚款的罚款，坐牢的坐牢。老百姓都拍手称快，交口称颂郑板桥刚正清廉，明察秋毫。

可是，富商豪绅们又气又恼。以前，初来乍到的县官，从来是先拜望县里的大财主、大富商，而这位郑大人偏偏不理会这些规矩，还将积案一一裁决，好像是有意折灭他们的威风。可是，他们一时还摸不清郑板桥的底细，又抓不到郑板桥的任何把柄。豪绅富商一合计，决定下帖子宴请郑板桥，在宴席上拉拢收买郑板桥。

郑板桥收到请帖，爽快地答应去赴宴。

赴宴那天，郑板桥迟迟才出县衙。他忽然摆起威风，坐上大轿，带上全班衙吏捕快，鸣锣开道，慢慢悠悠地来到设宴的富商家。沿途围观的百姓，把富商家的大门口堵了个水泄不通。

郑板桥慢吞吞地走下轿，刚一站定，只见全县的富商豪绅都正分列阶下迎候，郑板桥一一寒暄之后，走上台阶，却没有进门，突然转过身来，大声说："各位且等一下！今天我不是为赴宴而来，只是想借各位相聚的机会，向诸位约法三章：本官不赴私人宴会；不收受钱财之礼；若有谁贪赃枉法，假公徇私，欺压乡民者，本官将严惩不贷……"

一席话，使富商们个个目瞪口呆，在场的百姓高兴得欢呼起来。郑板桥说完这番话，从容地上了轿，打道回衙。

从这以后，有权有势的人不敢为非作歹，地痞无赖不敢无理取闹，县城监牢里都空了，没有犯人在押。

有一年，胶东一带闹天灾，潍县也受了灾。县里的富商趁机囤积粮食，抬高价格，乘人之危发不义之财。一时人心惶惶，卖儿卖女，背井离乡。郑板桥看到一幕幕悲惨的景象，写下了《逃荒行》，表达了对民间疾苦的同情。他看见百姓处在水深火热之中，感到责任重大，一面如实向上司呈报灾情，请求赈济；一面就地查封大投机商的粮仓，然后责令囤积粮食的富户按县衙规定的价格出售粮食。郑板桥采取了以工代赈的办法，把饥民组织起来修筑城池、疏浚河渠，加固堤防，由县衙按工发粮食，于是，饥民有工做，有饭吃。这样的措施，救济的灾民数量毕竟有限，对那些老弱病残者，郑板桥命令富户在各自的住所开设粥厂，每天供应二餐粥。郑板桥还捐出自己的官俸，免费供应妇女和儿童的食品。

种种措施，终于止住了外逃的人流，保住了劳动人口，使许多家庭免遭不幸，使灾情大减，人心安定下来。然后，他又风尘仆仆地到处奔波，督促乡民抗旱，组织恢复生产。不久，天降大雨，乡民欢呼雀跃，生产自救的劲头更足了。

灾荒过去了，百姓更加敬重郑板桥，爱戴这位父母官。

郑板桥在潍县做了七年的县令，七年中，他心里时常想着百姓的疾苦，为他们的忧而忧，为他们的乐而乐。他在潍县任上写过这样一首诗：

衙斋卧听萧萧竹，

疑是民间疾苦声。

些小吾曹州县吏，

一枝一叶总关情。

在封建社会，像郑板桥这样清廉刚正、认真为老百姓办实事而不媚上压下的官吏，不仅少，而且难以受到重用。尽管郑板桥当了12年的县令，政绩显著，腐败的上司却视而不见，还时常找他的麻烦。郑板桥渐渐看透了官场的腐朽。在他61岁那年（乾隆十八年，公元1753年），他因年荒请求朝廷赈济灾民触怒了上司，被解职回乡。

郑板桥秋天被解职，老百姓有说不尽的惋惜，有的设宴饯行，有的求画求诗，你接过来，我接过去。郑板桥也留恋与他相处了多年的乡亲和朋友。这样，一直拖延到第二年春天才离开潍县。

离开潍县那一天，几乎是倾城相送。郑板桥非常感动，眼前这盛大的欢送场面，不就是对他小小七品县官的最公正的评价吗！

# 53. 封仓救灾

清朝道光四年（1824），林则徐任江苏按察使。

半个多月来，天天大雨。林则徐站在窗前，双眉紧锁。他想，这雨再要不停，涝灾将使农民颗粒不收。老天啊，你若有眼，就停一停吧！停一停吧！老天并不因林则徐忧心如焚而转晴停雨，不但不停，反而越下越大。又是几天的阴雨。尽管林则徐想尽办法，开渠挖沟，排水除涝，但仍然面临着大面积的灾荒。逃荒的人成群结队，不断有人饿死病死在荒郊野外。

林则徐换上便服，来到乡间，察看灾情。之后，又到城镇，了解粮食价格。在一家存米不多的粮店，林则徐询问老板："你的米多少钱一斗？"老板满脸愁容，说："每斗七百文。"林则徐惊叹道："怎么涨到这个价格，比灾前竟涨了一倍！"老板诉苦说："没有办法！即使涨价，也无法解决米荒。我店无有存货，卖完也就得关门了。"林则徐打量打量了粮店，问："这里有什么秘密？"老板叹了口气，说："财主囤粮，百姓遭殃啊！"说到此处，老板不再讲了。林则徐点了点头，听出老板话中有话，心里已有了新的谋划。

林则徐回到衙门，立即行文，发布官府告示："连日阴雨，造成灾害。荒民遍地，已无生路。米行要即时粜米，以平市价。殷绅富户，存积米粮，亦需乘时出粜，不许观望迁延。"

告示贴出以后，百姓生机有望，纷纷高呼："林青天知民之心！""林大人救了我们啊！"

林则徐多方了解，终于探知一个名叫潘世恩的富家囤粮万石，不肯救济灾民。这潘家的主人潘世恩，是朝廷大员，原在京师做官，目前正在家为父亲守孝。林则徐为解救灾民苦难，不顾个人劳累，亲自来到潘世恩家，动员潘家开仓粜米，赈济饥民。潘世恩傲慢地说："林大人亲自登门来劝，本应给大人一个面子。嘻嘻，可本官并非那种随便赏人脸面的人。实话相告，我家没有粮食去赈济饥民。"林则徐心中虽然愤怒，但忍了又忍，问："大人说贵府没有米？"潘世恩点头说："对，没有可以赈济别人之米。"

林则徐又苦劝道："潘大人三思，若能救救灾民，当是功德无量之事。还望潘大人发济世之心。"潘世恩冷冷一笑，说："本官心有余，力不足呀！""真的？""真的！""潘大人家里那众多粮仓——"没等林则徐说完，潘世恩就连连说："那些粮仓都——都是——都是空的。""空的？""空的。"

潘世恩不敢用硬的办法，因为如若林则徐向朝廷告他一状，他也怕皇上怪罪，所以就声言粮仓是空的。林则徐虽官居按察使，但

料他没有胆量搜查朝廷命官。林则徐沉思一下，心中早已有了主意。他不慌不忙，但又软中有硬地说："空的？哈哈，那太好了！"

潘世恩丈二和尚，摸不着头脑，吃惊地望着林则徐。林则徐大声接着说："既然潘大人的粮仓是空的，那本官就暂时借用一下。"潘世恩措手不及，反问："借用？"林则徐站起身，态度坚决地说："对，借用一下！"

说罢，他立即命令手下人将潘世恩家的粮仓全部贴上封条，派人看守。潘世恩追悔莫及，恨透了林则徐，却又无可奈何。过了一天，林则徐开仓放米，赈济饥民。

林则徐为百姓智斗权富，威名大振。

# 54. 女将遗产

李贞是我军第一位女将军。她戎马一生，不幸于 1990 年逝世。

女将军逝世后，在她家里，人们含着泪在为她清理遗物。这位经过长征、在朝鲜战场上就职志愿军政治部秘书长的女将军，除了记录她赫赫战功的 4 枚勋章依然耀眼夺目外，其他的遗物竟是那么的简朴：

——室内 4 把藤椅，是她 15 年前从湖南搬家时带回北京的。天长日久，椅子的藤条断了不少，公务员几次要扔掉，但都被她拦阻了。她说："莫扔，补一补，还能用一阵子。"

——两只用尼龙绳连着的皮箱，是她和丈夫甘泗淇将军赴朝鲜作战时的行军箱，皮面已老化开裂，但她总是不肯换新的。

——在李贞的衣箱里，唯一的一件新衣物，是两年前她过 80 岁生日时表孙女为她编织的毛背心。直到躺上病榻，才换下那套 60 年代缝的棉衣裤。

——那台用了 14 年的"雪花"牌单门电冰箱，外壳已锈迹斑斑。

——1.1 万元的存款和 2500 元的国库券。就是这么一点存款，李贞同志生前还要求身边的工作人员交给党组织，作为自己最后一次党费。

也许人们难以理解，李贞和甘泗淇夫妇没有儿女，而且这一对将军工资也不低，钱用到哪里去了呢？他（她）用自己的工资抚养了 20 多个烈士的遗孤；他（她）用自己节约下来的钱，一次又一次地为教育、科研事业捐款……

当人们清理完李贞的遗物后，面对清理单，一个个禁不住失声痛哭。李贞一生艰苦俭朴为的是人民的事业。她留给我们的宝贵遗产，是绝非一张"遗物清单"所能包容得了的。

# 55．舍身救人

1984 年 7 月 2 日，共青团中央决定授予江苏省宿迁县塘湖乡中心小学三年级学生韩余娟以"舍己为人小英雄"称号。团中央号召全国各族少年儿童向韩余娟学习，从小听党的话，做祖国的小主人。

12 岁的韩余娟在将近两年的时间里，热心照顾村里的一位五保老人。1983 年 8 月，在一次塌房事件中，为保护这位老人的生命，她献出了年幼的生命。

韩余娟入学以后，积极参加"新风尚小红花"和向雷锋、张海迪学习活动。

1982 年 3 月，她第一个报名参加了班里的学雷锋小组。在她的房前，住着一位 74 岁的五保老人傅王氏。老人体弱多病，行动很不方便。韩余娟主动承担了照顾老人的任务，经常帮老人碾米、磨面、做饭。春天，她给老人晾晒被子；夏天，她提来温水为老人擦身；秋天，她帮老人把队里分的粮食和蔬菜背回家；冬天，她从自己家扒来火炭，给老人取暖。村上演电影，她经常搀扶老人去看，有时还扶着老人逛逛集市。

1983年3月，傅王氏不小心跌伤了腿，生活不能自理。韩余娟征得父母的同意，卷着铺盖，住到傅奶奶家。放学后，她推着平板车送老人到乡卫生院看病、打针。晚上，她给老人煎药、倒尿罐，还用热毛巾为老人敷腿。她看到老人吃不下饭，就用自己家里的鸡蛋烧好蛋汤，端到老人床前。一天，余娟走进傅奶奶屋闻到一股臭味，"怎么回事？"老人难为情地说："攒不住，一裤子都是。"韩余娟听罢，忙找来破布，端来一盆清水，帮助老人把脏衣裤脱下来，然后一点一点给老人擦洗干净。村里人见了都说："别看余娟人小，她像一团火，温暖着别人的心。"

1983年8月14日夜，由于连降暴雨，傅王氏住房的水泥桁条突然断裂。在整个房顶摇晃下塌的瞬间，韩余娟临危不惧，火速把躺在床上的老人拽起来，拼力把她推到安全地方。然而她自己却倒在血泊中……

韩余娟牺牲后，乡亲们怀着崇敬的心情在塘湖乡召开了隆重的表彰韩余娟大会，并将韩余娟生前所在的少先队命名为"韩余娟中队"。

# 56. 为核尽力

姜圣阶，国家核安全局局长，中国著名核科学家之一。姜圣阶立党为公，公而忘私，一生为我国核事业的发展努力奋斗拼搏，作出了重要贡献。

60 年代的一天，一封加急电报，把姜圣阶从南京召到北京。周恩来总理在中南海怀仁堂接见了他。周总理开门见山地告诉姜圣阶："我们的核事业建设遇到了很大的困难，我们要依靠自己的力量制造原子弹。因此，想调你去西北原子能综合工厂任总工程师。"周总理停顿了一下，似乎要给姜圣阶一个考虑的时间。"这是一个艰苦而光荣的任务，行不行你回去考虑一下。"

姜圣阶已年近半百，经历过求学的苦斗，战乱的流离，留洋的思恋，如今刚刚安顿好温暖的家。妻子为了支持他的学业，付出了辛勤和健康，唯一的女儿又病逝了。这沉重的打击使妻子半瘫在床……想到这些，姜圣阶心里有些惴惴不安了。但是周总理的信任和期望，祖国核事业的需要，使他没有第二个选择，毅然决然地去了大西北。

茫茫戈壁，浩瀚无垠。中国第一个原子能综合工厂就建在这里。姜圣阶是带着一张时间表来的。中央批准了核工业部关于两年内试爆第一颗原子弹的规划，现在只有一年多了。

1963 年的日历翻完最后一页，能否按时制成核元件，已成为原子弹研制的关键。就在这关键时刻，关键部位却出现了问题：核铸件中心部位发现"气缩孔"，这表明产品不合格。姜圣阶急得彻夜难眠。他每天去制作车间上班，一道工序、一道工序地检查。攻关队伍扩大到 20 人，从工艺到设备、从模拟结构到浇铸方式，在姜圣阶的主持下，大家集思广益，最后归纳整理出六个方案。经过试验，"气泡"终于消除了。1964 年 5 月 1 日，合格的产品生产出来了。1964 年 10 月 16 日 15 时，一声惊雷轰响，蘑菇云腾空而起，原子弹爆炸成功！

年过花甲的姜圣阶，1975 年调回北京，任二机部副部长，主管科研和生产工作。这时一个新的课题又摆到面前：两弹爆炸成功，核潜艇顺利下水，标志着核体系的形成，核工业如何继续发展呢？

只搞军用，不搞民用，发展路子会越走越窄。发展核电，充分利用核能，已经成为核工业一个刻不容缓的课题。在姜圣阶的呼吁、倡导、努力之下，核电站上马了。为了确保安全，国家决定成立核安全局。这是一项艰难的开拓性的工作。69 岁的姜圣阶出任国家核安全局第一任局长。他满怀热情地投入了工作。虽然脑血栓给他的健康带来很大损害，胆切除又给他带来极大痛苦，但都没有影响这位核科学家为我国核事业的发展做出卓越贡献。老伴总为姜圣阶担心，"工作八小时就行了，难道你还能活两辈子？"可姜圣阶认为活两辈子不可能，可这一辈子要活得有价值，能为党、为祖国奋斗，人生就有永恒的价值！

# 57. 填沟愚公

张立平，长治军分区干休所离休干部，学雷锋标兵。1939 年参加革命，1948 年入党，立了 6 次战功。在战斗中 9 次负伤，头、肩、胸、腰、腿，五处致残，享受甲级残废待遇，凭着这些，他完全有资格享受清福，安度晚年。然而张立平却不这么想，更没有这样做。他常说："共产党人就是人民的公仆，只要一息尚存，就要像牛一样，为人民拉车不止。"他没有居功自傲。

他自找苦吃。他家门口街道上有个公厕，有人使用无人管，手纸、粪便满地，苍蝇嗡嗡，臭气冲天。于是他当了义务清洁工。当初他是人们尊重的老干部、老功臣。如今，人们只称他老师傅、老大爷。还有些势利眼的人，对他白眼相看，嗤之以鼻。他呢？不以为然。一天一小扫，三天一大扫。他给自己订下了这个制度。没人监督，更没有一分钱的报酬。整整二十余年，风雨无阻，始终如一。7000 多个日日夜夜，他从父亲变成了爷爷，当年儿子说他傻，如今孙子也说他傻。傻老头有个倔脾气，想做的事，一定要做成。街道旁有一条250米长，40多米宽，19米深的大沟。沟沿上仅有一条狭窄的小路，上下班行人拥挤，雨雪天，常有人跌下沟去。他下决心要填平这条大沟。"残废老头，一人填大沟？"有人笑他不自量力。他不服气地说："愚公能移山，我张立平就不能为民填平这条沟！"就这样，春夏秋冬，披星戴月，长治市的老百姓经常看见一位60多岁的老翁，头戴草帽，手推小车，走街串巷收集垃圾、碎石，步履艰难地推往"大沟"。他几次累倒在大沟旁，几次摔得满脸是血，可他从不灰心。

日复一日，年复一年，老功臣的铁锹磨坏了20把，小车胎用坏了15只。5年后，他终于填平了大沟。群众称颂他是："填沟愚公"。如今这条大沟上，修了柏油路，建起了农贸市场。市民们走到这里，就会想起这位"填沟愚公"。

# 58. 不求名利

华怡，中国船舶总公司第七研究院七〇八研究所的一名科技人员，为我国发展气垫船事业做出了卓越的贡献。她在人生的旅途中只度过了43个春秋。然而，她像一颗晶莹的珍珠，闪烁着光华，留给了人们无限的思念。

华怡在生活中严格要求自己，自觉地奉行一种行为准则。这就是：多多地奉献，拼命地奉献，把自己的一切献给祖国，献给事业，献给同志，献给他人；而自己对于社会，则是少少地索取。这种准则刻印在她日常的一切行动中。

有人说，一张车票、一桶废油、一扇门窗是微不足道的。然而，小事往往能反映人的思想品质。一次，华怡到北京出差，工作结束后结伴游览颐和园，一走下公共汽车，她就把车票撕掉，说："免得和其他可以报销的车票混起来。"

在海上试验时，她看见有人随手把废机油倒在海滩上，觉得这样做既浪费又污染海面，她建议把废油收集起来，拉到收购站卖掉，把钱交给国家。

对华怡为祖国的气垫船事业做出的贡献，人们尊敬她，党和政府不断地表彰她，她先后被评为"优秀共产党员"、"上海市三八红旗手"等。然而华怡对于表扬、先进，特别是登报，上电视，总是设法回避。

1984 年 6 月，上海市妇联发信给华怡，要求说："您是全市妇女队伍中的先进人物，希望结合您实际情况，回顾总结您的成长过程。"华怡回信却说："自己没有什么成绩，所以我想还是谈谈我们室里的女同志为振兴中华所做的努力吧。"接着，她在信中一连介绍室里七位女同志的种种先进事迹，最后写到："我室的女同志都很能干，也肯干，每个人都有自己的特点，都值得我学习。"1985 年"三八"节前夕，电视台、报社的记者到七〇八所采访，请她谈谈自己，她回避；给她拍照，她躲开。记者只得跟踪到她的家里，横劝竖说，好容易才拍了几张照片。然而，记者走后，她竟一夜未眠，第二天一早找到科长，盯着他打电话，关照报社"一定不要登我的照片"。为了宣传上海科技界妇女中的先进人物，电视台的摄像机镜头本来是对着她的，可是她坚决不肯露面。最后，在领导和同志们的再三劝说下，华怡勉强同意了，但她又提出一个条件：要同别的女同志拍在一起。同室的女同志被请来了，这才为电视观众留下了几秒钟的珍贵镜头。

# 59. 一心为公

　　冀中平原上的蠡县辛兴村，120 名党员一致选举阎建章为村党支部书记。阎建章当选后，全村像过年一样兴高采烈。

　　第二天，阎建章感慨万端地来到大队部。他问老会计："村里还有多少钱？"老会计举出两只手指，说："只有 2 分，实际上欠银行贷款是 42 万。"一切都不必再问了。阎建章心里明白，他带领大家要走的一条路是怎样艰难的一条路啊！在支委会上，在党员大会上，阎建章激动地说："共产党是从穷人堆里发展起来的，但共产党不姓穷，贫穷不是社会主义。如果我们不能带领群众富起来，那还算什么共产党员，还要共产党干什么！"

　　阎建章以十倍的辛苦工作着。除草灭荒、挖沟排水，他抢在前头。耕地、播种、田间管理，样样农活他都精心地安排。村头小河发了大水，他第一个去抢修。村子里打井，他在井口搭起窝棚，和大家一起吃住，一起下井。时间一天天过去了，可是群众生活依然困难。阎建章思索着，全村 6000 多口人，在人均只有一亩多一点的土地上绣花，绣得再好也只能混个温饱。

　　在一个亲戚的帮助下，他从北京合成纤维厂买回了 5 公斤氯纶，用弹棉花的旧弦弹好，然后交给村里的几个纺线能手试纺。居然纺出了氯纶毛线。十一届三中全会给阎建章更是指明了方向。他说："改革开放是个大舞台，就看咱们能不能唱大戏。"他在村里开办了纺织厂。1988 年又建立了大型毛线市场。经过几年的艰苦经营，这个集市已成为全国中低档毛线的集散地，为辛兴村带来了巨大的经济效益。阎建章同几百家公司、企业、科研单位建立了联系，还东渡日本，学习经营管理，引进先进的技术和设备。如今的辛兴村，

已建起 *57* 家工厂，人均收入 *2700* 元。他把一个封闭、落后的穷村庄，变成一个工商发达、惠及四方的"小城市"。

辛兴村富了，可阎建章仍然住着土改时分的土房。房间低矮昏暗，室内一铺炕，待客、吃饭都在炕上，家里摆的依然是老伴当年陪嫁的板柜和土改时分的方桌、条凳。辛兴村万元户已很平常，几十万元户也不稀罕。可阎建章每月工资仅有 *100* 元。村里男男女女不少人穿戴"新潮"服饰，但阎建章仍然是冀中农民传统打扮：一条白毛巾裹头，一身老式布衣裤。吃的仍然是老习惯：烙饼、疙瘩汤。群众都住上新式楼房了，劝老支书搬出那间土房，可被他坚决拒绝了。

# *60.* 贡献一生

李冬辉是河北省农林科学院谷子研究所研究员、所长。多少年来，为摘掉谷子低产帽子，不管遇到什么困难和挫折，他总是执著地追求着、奉献着。

*1980* 年 *9* 月的一天，李冬辉去参观试验田。他乘的汽车途中发生车祸，身上多处受伤，肋骨被撞折，昏迷了 *4* 个多小时。撞伤还没有痊愈，他就心急如焚地出了院，繁忙地工作起来。

一天，李冬辉起草一份谷子科研协作会议文件，一直忙到深夜两点钟。突然，一阵撕心裂肺的咳嗽声把老伴从睡梦中惊醒。老伴十分心疼，起床照顾李冬辉，她发现痰盂里面尽是血，可是李冬辉却还是继续写着。见到此情景，老伴恼怒地说："你这是不要命啦！"第二天，在老伴的逼迫下，李冬辉去医院进行了拍片检查，可是没等检验结果出来，他又背起十多公斤谷种下乡去了。当李冬辉从乡下返回时，等待他的却是"中心型肺癌、淋巴结转移"的无情诊断。

他是中国农科院谷子重点科研项目的主持人，并担任《中国谷子栽培学》一书主编之一。他不甘心向病魔屈服，决心用最顽强的毅力，夺回生命的每一分钟。

李冬辉又一次住进了医院。手术前后，他不顾大夫的劝阻，抓紧一切可以利用的时间，靠在床头上，伏在小柜上，不停地写呀，画呀，恨不得一下子把工作都做完。在手术后的半年时间里，李东辉修订了《中国谷子栽培学》第二稿，又撰写了《谷子品种志》（河北部分），还制定了谷子育种新计划。

1982 年春节前的一天，李冬辉对老伴说："广西试验基地的播种期快到了，过几天我准备去。"老伴一听就急了："那怎么行！你刚做完大手术，身体还没好，不能去那么远。"

李冬辉说："生命留给我的时间不多了，可培育出一个品种却要六七年，我要冬去海南，春到广西，夏回河北，一年完成三年的育种任务。"

李冬辉没有听从老伴的劝阻，老伴也只好陪他在除夕之夜乘上南下广西的列车。李冬辉望着窗外的大好春光，心情异常激动，兴奋地作了一首诗："癌症尚缠绵，老夫广西去南繁，一年当作三年用，提前跨进 2000 年。"

李冬辉以一种特有的高度的历史责任感，决心摘掉谷子低产的帽子。春节期间雇不到帮工，就自己动手干起来。从整地播种，到扬花灌浆，他们没日没夜地泡在地里。李冬辉就是这样追逐着时间，加速着良种繁育。

在一次演讲会上，他响亮地提出："振兴中华，首先要振兴自己，"表达了他从自身做起，向人民奉献一切的决心。

在生命的最后九年中，李冬辉从海南、广西到黑龙江，从山东、河北到新疆，在 13 个省区谷子生产地马不停蹄地奔跑。9 年间他有 7 个春节是在南繁基地或路途上度过的。9 年间，他完成了 23 年的常规育种量，培育出"冀谷Ⅱ"、"金谷米"等五个新品种，还选育了一系列夏谷不育系等优良品种资源。

1983年7月，李冬辉受到河北省政府通令嘉奖，后来又被评为省优秀共产党员、劳动模范，1985年荣获全国五一劳动奖章和全国优秀科技工作者称号。面对众多荣誉，李冬辉仍像往常一样拖着病弱的身体南繁北育，以超常的毅力同时间赛跑。1990年11月30日，是国家"七五"谷子育种攻关课题验收会举行的前一天。然而，就在这天傍晚，这个课题的主持人，69岁的著名谷子专家李冬辉，却因操劳过度，心脏病猝发，永远长眠了。

李冬辉为振兴中国谷子事业苦苦奋斗了41个春秋，耗尽了心血，给人民留下了无穷无尽的物质财富和精神财富。李冬辉是一座丰碑，永远立在人们的心中。

# 61. 舍身救友

苏宁，沈阳军区某炮兵团参谋长，山西省孝义县人。他出生于南京市一个革命军人家庭。在1991年4月21日的一次军事训练中，为抢救战友的生命，他临危不惧，舍身排弹，身负重伤。虽经军地医护人员全力抢救，但终因伤势过重，不幸于1991年4月29日在哈尔滨壮烈牺牲，年仅38岁。

苏宁1981年结婚。婚后十年，苏宁在炮团过了7个春节。苏宁所在的炮团，离市中心自己的家约四十里路。春节期间首长值班是轮流的。团级领导的家一般都在炮团驻地。苏宁完全可以回市里过年。但是，每逢大年三十，苏宁却把其他团领导撵回家去，自己值班。一次、二次，妻子全力支持；三次、四次，妻子不免提出要求："明年春节一定要回家过。""行。"他爽快地答应。可是，第五个、第六个、第七个春节，苏宁仍然守在炮团首长值班室。妻子渐渐习惯了，索性带着儿子把"合家欢"搬到了炮团。由此可知，远在市区的父母、岳父母两家，与苏宁一起过的节日就更是屈指可数了。

1984 年，部队准备精简整编。面对干部多、位置少的状况，一些干部不愿上军校学习。领导征求苏宁的意见，问他是否愿意去，苏宁精神一振："愿意！"

有人提醒苏宁："你已经在副营级职位上干了两年，资格老，再过一年半就能提拔，上军校不合算。"也有人说得更"明白"："何苦呢。没有文凭不是照样可以提拔使用？上军校将意味着丢位子、少票子、思妻子、苦孩子……"苏宁说："人不能患得患失。从长远看，多学点知识对部队建设有好处。"

苏宁的选择，充分表现了他献身国防的远大志向和崇高理想。他先来到长沙干部文化补习学校学习，一年后又转入宣化炮兵指挥学院。刚入学时，他所在的班还有两名学员是和他同期入伍的老同志，都已是团职，而他还是个副营作训股长。甚至还有不少比他入伍晚的学员，都比他职务高。每当同学们问起他职务偏低的原因时，他只是淡淡地一笑说："职务问题是组织上考虑的事，个人没有什么好说的。我认为工作应以贡献为尺度，不能在职务上争高低。"就这样，苏宁抛开一切杂念，开始了军校的学习生活。他多才多艺，会弹琴、唱歌、写诗，还爱好各种体育活动。而在军校的三年里，他几乎把一切娱乐活动都取消了，积累着献身国防现代化的本领。凭着不懈的努力，在掌握了大量军事理论的基础上，他在校期间撰写了十余篇论文。毕业时，他的 20 多门专业科目考试取得了平均 80 分以上的成绩，毕业论文答辩会上被破例当场评为优秀论文。

1991 年 4 月 21 日，苏宁推开两位战友，抓起了那颗嘶嘶冒烟的手榴弹。一声巨响，英雄走完了短促而伟大的生命里程。苏宁这惊天动地的壮举，不是偶然的。凡遇到的生死关头他都是这样做的。

1978 年，苏宁担任指挥连连长时遇到了一个惊险场面。入伍一年的战士戴厚平，实弹投掷时过分紧张，手榴弹没甩出去，落在脚下。手足无措之际，苏连长一个箭步冲上去，飞起一脚把险弹踢出掩体之外，随后扑在小戴身上。"轰"的一声巨响过后，二人抖抖土块，从地上站了起来。被吓呆了的小戴愣了半天，"哇"地一声扑向了苏连长。

北方的冬季滴水成冰。1989 年 11 月的一个晚上，阿城市巨源乡附近的一座涵洞桥上，一辆正在行驶的军用 240 东风牵引车突然一歪，瘫痪在桥上。战士们围上去一看，天哪，好险！汽车的左前轮和左后轮悬空，斜躺在桥沿。桥下，冷飕飕，黑乎乎，十米之下，是被雪覆盖的冰河。炮团实弹射击的考核的路上，缺乏冬季驾驶经验的司机小邹就这样捅了个"漏子"。小邹等人向地方车辆求援，人家一看这种险情，吐吐舌头谁也不敢帮忙。大家围着这个纹丝不动的庞然大物，不知如何下手。正在这时，苏宁参谋长和团长乘车急驶而来。察看了险情之后，决定采取三角同向牵引。谁把绳索接到车底呢！又是苏宁，司机小邹说啥也不让。苏宁说："你在外面冻了半天了，还是我来。"说完，小心翼翼地爬进车底。风大路滑，假如车体稍一滑动，后果将不堪设想……10 分钟，20 分钟，25 分钟，大家焦急地盯着车底，苏宁终于钻了出来。汽车牵引成功，干部战士们松了口气。这时已是深夜 11 点。惊魂稍定的战士们纷纷议论："真是个了不起的首长！"

1990 年 5 月 20 日下午，训练场上进行着新兵共同科目结业考试的最后一项——手榴弹实投。一枚枚手榴弹在目标区开了花，新战士们的自信心也随之大大增强。突然，有两枚手榴弹投出半天没有响声。大家的心一下子吊了起来。苏宁镇静地走出来说："是两枚哑弹，我来把它引爆。"在场的军医和作训参谋都出来阻挡，要求自己前去。苏宁坚决地说："别争了，我去。"他接近哑弹一看，原来是

拉火环没有拉掉。他以熟练的动作套上拉火环，迅速撤至隐蔽处，"轰轰"两声巨响，哑弹排除了。大家把敬佩的目光投向了苏宁参谋长。

# 62. 一心救国

1935 年，中国共产党发表了著名的《八一宣言》，号召停止内战，一致抗日。何香凝坚决拥护这一主张。但是，蒋介石仍死抱"攘外必先安内"的政策。对于这种顽固态度，何香凝忍无可忍，她把自己的一条裙子取来，在上面写下了一首题为《为中日战争赠蒋介石及中国军人以女服有感而作》的诗：

> 独自称男儿，甘受敌人气；
>
> 不战送山河，万世同羞耻。
>
> 吾侪妇女们，愿往沙场死；
>
> 将我巾帼裳，换你征衣去。

然后，把裙子寄予蒋介石。从此，何香凝不再对蒋抱任何幻想，而把抗日救亡的希望完全寄托在共产党及其领导的人民军队的身上。她与宋庆龄在香港成立了"保卫中国同盟"，一心一意替八路军及新四军募捐筹款。她们用这些钱买大批的物资，运往八路军、新四军驻地。

1941 年，太平洋战争爆发后，日军占领了香港。何香凝离港到达桂林，带着儿媳和孙子，靠养鸡种菜和卖画度日，过着清苦的生活。蒋介石派人送去一张 100 万元支票和一封请她去重庆的信。她当即在信封背面批了两句诗"闲来写画营生活，不用人间造孽钱。"把钱和信原封不动地退了回去。

杰出的爱国者和革命家何香凝，始终与共产党站在一起，同甘

共苦。*1945* 年终于迎来了抗日战争的伟大胜利。

# 63. 舍身救火

向秀丽是广东省广州市的一名青年女工。生于 *1933* 年，*1954* 年加入中国新民主主义青年团，*1958* 年加入中国共产党。她为了抢救国家财产，被烈火严重烧伤，献出了年轻的生命。

*1958* 年 *12* 月 *13* 日，广州河济公制药厂车间里的工作和往常一样有条有理地进行着。向秀丽在切着金属钠，女工罗秀明从地上抱起一个 *50* 多斤重的装有酒精的大玻璃瓶，向秀丽看到连忙放下自己的工作去帮忙。她们把酒精瓶放在一张木凳上，往量筒里倾注。倒了两筒后，酒精瓶由于倾斜度大，瓶底滑致使酒精瓶打破，酒精流出来，很快就和火炉的热气接触，"扑"地一声，火苗腾起来了！向秀丽同车间女工罗秀明、蔡秋梅赶紧用毛巾扑打，可是火在迅速蔓延。向秀丽马上想到灭火器，可是灭火器的旁边存放着几桶金属钠，自己的身上已经着火，金属钠具有强烈的爆炸性能。火——金属钠——大爆炸！整个工厂和附近人民的生命安全！这一连串问题，电一样闪过她的脑海，她毅然转过身来冲到火焰里，用手狠狠地堵住酒精的流路。蔡秋梅、罗秀明也在奋力与大火搏斗。火焰随着酒精的流向乱窜着，向秀丽咬紧牙关，牢牢地把身躯贴在地面上，像一堵墙截住流向金属钠方面的酒精流路。火，在无情地烧着向秀丽。再过一分钟，金属钠就可能发出猛烈爆炸。向秀丽以她的血肉之躯堵住了烈火，争取了时间！职工们不顾危险，连忙抱起金属钠的铁桶，冲下楼去，把它放到安全地方。

向秀丽身上的火被扑灭了，她从昏迷中睁开眼睛，痛苦地痉挛着。可是她不停地喊着："别管我！你们快去抢救金属钠！"向秀丽

又昏了过去。

工厂得救了，附近人民的生命安全保障了，可是我们的向秀丽——被烧伤的面积占全身总面积的 80%，党尽了最大努力抢救向秀丽，她的生命顽强地延续了 33 天，终因伤势过重，于 1959 年 1 月 15 日永远离开了我们。

当工厂和群众面临危险时，向秀丽挺身而出，毅然不顾个人的安危，把集体和国家利益放在首位，充分地体现出中华民族的传统美德——即以天下为己任，大公无私，天下为公的高尚品德。

党的好女儿——25 岁的向秀丽永远地离开了我们，她用年轻生命谱写的这曲奉献之歌将永远激励着人们，她的名字传遍全国，她的光辉事迹永远给人以力量。

# 64. 大公无私

1963 年 3 月 5 日毛泽东主席曾向全国人民发出号召："向雷锋同志学习。"

雷锋的名字，不仅全国人民家喻户晓，即使在国外，也有许许多多人知道他、崇敬他。美国一所著名的军事院校里就悬挂着巨大的雷锋照片。

雷锋 1940 年出生在湖南省长沙县的一个贫苦农民家中。他五岁那年，父亲被日本鬼子毒打后死去。不久，母亲在地主压迫、侮辱下也含恨自尽了。

雷锋成了孤儿。同乡的亲友们收留了他。

解放后雷锋在工农业战线上成为先进生产者、标兵、模范共青团员。

1960 年 1 月雷锋入伍当了人民解放军。

从此，雷锋处处以一名共产主义战士要求自己，在部队里勤学苦练，努力学习马列主义毛泽东思想。他时刻想着集体，关心他人。他艰苦朴素、热爱人民、助人为乐的高贵品质成为人们学习的楷模。

为了给国家节约开支，他常常将旧手套洗干净再用，而不去领新的。连队发夏装，每人两套，而他却只领一套。他出车运水泥，将漏撒的都扫起来，最后竟有一千多公斤上交给国家。他入党后，每月领的几元钱津贴除交党费之外，都存起来。袜子破了一补再补，舍不得买双新袜子，舍不得买一只漱口杯。可是他却将积存的200元钱赠给了望花区和平人民公社，支援国家建设。辽阳闹水灾，他又寄去了100元钱。

有人说："雷锋真傻！没家没业，何必苦熬自己，对自己那么小气，不值！"

雷锋笑了笑说："话不能这么讲，我要做一个有利于人民，有利于国家的人。如果说这就是'傻子'，那我甘愿做这样的'傻子'。"

星期日是许多人盼望的，到了这一天，可以好好休息休息，或干些个人的事儿。可雷锋的星期天却大部分是在伙房里或帮助别人做事中度过的。有一次，星期日一大早，他肚子隐隐作痛。明天还要出车，总这样疼下去可不行。于是，他捂着肚子到卫生连去了。

从卫生连回来的路上，看到一个建筑工地上劳动场面热火朝天。他听到大喇叭里广播说："运砖的同志加油！砖快供不上了！"

雷锋被工人同志建设祖国的热情感动了，他也为供不上砖着急起来。他忘了自己的病痛，跑进工地，抓起一辆小车干了起来，他装得多，跑得快，衣服都被汗水湿透了。

他的热心和干劲引起了所有人的注意。女广播员跑到雷锋面前，问："喂，你是哪个单位的？叫什么名字？我要写篇稿子表扬表扬你。"雷锋笑着说："不用表扬。我是附近部队的。"

人们都说："雷锋出差一千里，好事做了一火车。"

1961 年 4 月的一天，雷锋乘火车去旅顺。这天，火车上人特别多，服务员忙得不可开交。雷锋想，自己是共产党员，应该处处想到别人。于是，他帮助列车员维持秩序，送水、扫地，乘客们一片赞扬声。

还有一次，雷锋到丹东去出差，在沈阳车站换车的时候，检票口有一群人，围着一个妇女。那妇女说车票丢了。

雷锋上前问："大嫂，怎么回事？"

那大嫂急得满头大汗，说：

"我从山东老家来，到吉林去看丈夫。不小心把车票丢了。补票，可我又，又没钱——"

雷锋看到那大嫂眼泪汪汪的，就安慰说："老大嫂，来，跟我走。"

雷锋把大嫂带到售票处，用自己的津贴费补了一张车票，塞到大嫂手中，说："快上车吧，大嫂！"

那大嫂感动得流着泪说："同志，你叫什么名字？哪个部队的？我永远会记住你的名字的……"

雷锋扶大嫂上了车，说："我叫解放军，住在中国。"

事隔不久，雷锋在沈阳火车站遇到了一位老奶奶。老奶奶白发苍苍，背着个大包袱，拄根棍子，慢慢走着。看到老奶奶艰难的样子，雷锋走上前问：

"大娘，您老到哪儿去？"

老人喘着气说："俺从关里来，到抚顺去看儿子。"

雷锋一听跟自己同路，立即把老人的包袱接了过来，同时搀着老人，说："正好，我也去抚顺，我送您走。"

上了车，雷锋为老人找了座位，自己却站着。吃饭的时候，取出自己带的面包分给老人吃。

老人十分感动，说："你可真是好人啊！俺儿子是工人，外出好

几年了。我没有来过抚顺，也不知怎么走。"

雷锋安慰老人说："大娘，不用急，我陪您找。"

火车到站，雷锋背起老人的包袱，搀扶着大娘走出车站，一边走，一边打听，用了将近两个小时，终于找到了大娘的儿子。

老人见到儿子，先不叙母子相见之情，而是说："这位解放军同志真好啊！要不是他一路陪我，帮我寻找，娘不知哪年哪月才能见到你啊！"

*1962 年 8 月 15 日雷锋因公牺牲。年仅 22 岁。*

雷锋在日记中有一段非常有名的话：

人的生命是有限的，可是，为人民服务是无限的，我要把有限的生命，投入到无限的"为人民服务"之中去。

雷锋自觉把个人的前途命运与国家、民族、与社会主义的前途命运紧紧联系在一起，处处以国家和人民的利益为重。这是我们中华民族自古以来就有的爱国主义优良传统美德在雷锋身上的体现和全新的升华。

雷锋这个光辉的名字和他崇高的精神品格，在历史发展中始终焕发着光彩。人们越来越认识到雷锋精神的价值，更加珍惜这笔宝贵的精神财富，努力在实践中学习和发扬光大。

# 65. 铁人精神

王进喜是大庆油田工人阶级的先锋战士，同志们称他王铁人。他胸怀革命大目标，一心为公，严于律己，为甩掉我国石油落后帽子，献出自己毕生精力，为祖国社会主义建设立下了不朽的功勋。

**身先士卒舍己为公**

*1960 年 3 月*，王进喜率领一二〇五钻井队，千里迢迢来到寒风

怒吼、滴水成冰的大庆草原，决心拿下我国第一个大油田。会战初期，遇到重重困难，王进喜说："为甩掉石油落后帽子，把我们国家建设得更强大，天大的困难也要顶得住。"工人们被他的精神所鼓舞，人人干劲倍增。工人们拉的拉、抬的抬、扛的扛，硬是用肩膀和双手，把钻机从火车上卸下来，搬到几十里以外的井场上了。眼看就要打井了，水管没接好，开钻没水怎么办？为争夺时间，王进喜带领全队工人，硬是用盆端来了几十吨水，提前开钻。经过日夜奋战，大庆荒原的第一口井，于 4 月 19 日喷出乌黑发亮的原油。

五月一日，天刚蒙蒙亮，王进喜在井场上指挥工人放井架"搬家"。忽然一根几百斤重的钻杆滚下来砸伤了他的腿，王进喜痛得昏了过去。等他醒来一看，井架还没放下，几个工人在围着救护他。王进喜急了，对大家说："我又不是泥捏的，哪能碰一下就散了。"说完，猛地站起来，举起双手指挥放井架，鲜血从裤腿和鞋袜里浸了出来。

打第二口井的时候，王进喜的腿伤还没好，成天拄着双拐在井场上来回指挥。一天，轰隆一声，钻机上几十斤重的方瓦忽然飞了出来，井喷的迹象出现了。在这十分危急的时刻，王进喜忘记自己的腿疼，立刻奔上前去。压井喷需要用重晶石粉调泥浆，井场上没有，他当机立断决定用水泥代替。一袋袋水泥倒进泥浆池，没有搅拌机，水泥沉在池底。这时，王进喜奋不顾身，把双拐一甩，说了声："跳，"就纵身跳进泥浆池，用自己的身体来搅拌泥浆。几个小伙子也跟着跳了进去。他们整整奋战了三个小时，险恶的井喷被压下去了。油井和钻机保住了。同志们把王进喜扶出来时，他手上身上被水泥浆烧起了大泡，腿疼使他扑倒在钻杆上，豆大的汗珠不停地从脸上滚下来。井场附近的老乡纷纷称赞说："你们的王队长真是舍己为公的铁人啊！"

有一次，在湖泊冰面上做钻井试验，王进喜亲自在车前探路指

挥。汽车向冰湖开去，冰面上咔嚓咔嚓直响，他不慌不忙地引导汽车平稳前进。湖面断裂开一道道缝隙，湖水从缝里涌了出来，岸上人惊叫："危险！停！停！"王进喜完全忘却了个人安危，大声说："不怕，冰面有裂缝是个别地方。"继续开车前进。终于，探出一条冰上钻井的路。

## 当了干部也是钻工

*1969 年 4 月*，王进喜光荣地出席了党的第九次全国代表大会并当选为中央委员。他回到大庆，首先来到了一二六八钻井队，工人们热情迎上问这问那，他一边回答着，一边大步跨上钻台，抓着大钳，挥动手臂一口气打了百十下。同志们夸他说："老铁当了中央委员还和咱钻工一样！"有的同志说："老铁啊，往后你就给咱指点指点就行了。"王进喜严肃地说："咱可不能光动嘴不动手，当了干部，也是钻工。"说着放下大钳又握起刹把。

## 关心别人胜过关心自己

有一次，王进喜在北京开会，见到钻井部老许，就关切地问：油田生产抓得怎么样；雨季快到了，职工家属房子维修好了没有；职工孩子们上学问题怎样了……就是没问问自己生病的小女儿。

三年经济困难时期，有一次领导见他身体不好，送来一些猪肝，他把猪肝全部送给了病号。后来他又把分给自己的几斤猪肉，送给了食堂让大家吃。他还经常自己打草鞋穿，把节省下来的劳保鞋给同志们穿。

王进喜不愧为中国工人阶级的代表，他以一不怕苦二不怕死的英雄气概，革命加拼命，高速度、高质量为祖国献石油。他的革命精神，永远值得我们学习。